大夏书系 | 数学教学培训用书

# 小学
# 数学教师
# 五项
# 关键能力

易增加 /著

华东师范大学出版社

·上海·

图书在版编目（CIP）数据

小学数学教师五项关键能力 / 易增加著. —上海：华东师范大学出版社，2025.

— ISBN 978-7-5760-6003-4

I. G623.502

中国国家版本馆 CIP 数据核字第 2025NL3893 号

**大夏书系｜数学教学培训用书**

**小学数学教师五项关键能力**

| | |
|---|---|
| 著　　者 | 易增加 |
| 策划编辑 | 朱永通 |
| 责任编辑 | 薛菲菲 |
| 责任校对 | 杨　坤 |
| 封面设计 | 淡晓库 |

| | |
|---|---|
| 出版发行 | 华东师范大学出版社 |
| 社　　址 | 上海市中山北路 3663 号　邮编 200062 |
| 网　　址 | www.ecnupress.com.cn |
| 电　　话 | 021-60821666　行政传真 021-62572105 |
| 客服电话 | 021-62865537 |
| 邮购电话 | 021-62869887 |
| 地　　址 | 上海市中山北路 3663 号华东师范大学校内先锋路口 |
| 网　　店 | http://hdsdcbs.tmall.com/ |

| | |
|---|---|
| 印 刷 者 | 北京密兴印刷有限公司 |
| 开　　本 | 700×1000　16 开 |
| 印　　张 | 16 |
| 字　　数 | 236 千字 |
| 版　　次 | 2025 年 4 月第一版 |
| 印　　次 | 2025 年 4 月第一次 |
| 印　　数 | 6 100 |
| 书　　号 | ISBN 978-7-5760-6003-4 |
| 定　　价 | 69.80 元 |

出 版 人　　王　焰

（如发现本版图书有印订质量问题，请寄回本社市场部调换或电话 021-62865537 联系）

# 目　录

----

# 前言　　教师五项关键能力是学生成长之梯

新一轮课程改革聚焦中国学生发展核心素养，培养学生适应未来发展的正确价值观、必备品格和关键能力。当下，教师要具备什么关键能力才能造就学生美好的未来呢？我想，可以在传统的"备、教、批、辅、考"上变革，往新理念"教、学、评"的两端延伸，形成"备、教、学、评、研"一体化，让其成为小学数学教师发展学生核心素养的五项关键能力，打造学生成长路上的阶梯。

小学数学教师如何修炼"备、教、学、评、研"五项关键能力呢？本书将从以下五个方面展开阐述。

**备：数学本位整体备。**以数学为本位的单元整体设计，是促进数学知识"结构化"的需要，是发展学生核心素养的需要，是落实"双减"政策的需要。数学本位的单元整体备课，有利于聚焦数学知识本质，对单元内容进行结构化分析。通过提炼大概念、设计大问题、营造大情境，以数学知识的联系和内在逻辑结构促进知识的整体建构，实现数学知识从"点状"走向"整体"，数学思考从"割裂"走向"迁移"，数学思维从"断层"走向"延续"，达成单元整体教学目标。

**教：儿童本位精准教。**儿童是教师课堂教学研究的起点和归宿。基于"儿童本位"的小学数学教学，能更好地顺应儿童的自然本性与成长节律，在多向交流与互动中开发儿童、引领儿童、发展儿童。基于"儿童本位"，才能更加精准地教学，以大单元的视角，对单元的学习内容进行整体规划和结构化设计，通过架知识结构、抓数学本质、跨学科教学等途径，引导学生主动对接经验，关联不同知识，融会贯通，并在解决实际问题的过程中实现知识的整体理解、经验的整体生长和素养的整体提升。

**学：素养本位深度学。**新课程改革的关键是学习方式的变革，要基于"素养本位"，从"教为中心"转向"学为中心"。在"学为中心"的课堂里，教师才能将数学知识、思维方式和关键能力等融为一体，真正完成课程目标，发展核心素养，实现减负增效，落实学科育人。"素养本位"的学习课堂，以"学习任务单"引导数学思考，以"四人学伴"开展学习活动，以"学科实践"获取数学知识，达到学情、学法的深度融合，促进学生深度学习，实现真实学习、学会学习。

**评：育人本位科学评。**要发挥评价的育人导向作用，坚持以评促学、以评促教。育人本位科学评要丰富评价方式，通过课堂观察聚焦学，观察目标达成、学习行为、教学行为和互动行为，促进学习方式的变革；通过单元作业突出联，以大单元视角设计关联知识、能力、素养的练习，了解学生的学习成效；通过试题命制指向育，依据学业质量标准考试，为评估教学质量、改进教学提供参考。无论采取何种评价方式，它们都是科学地综合考查"四基""四能"，发展核心素养，实现学科育人价值。

**研：发展本位全新研。**强教必先强师，只有以"发展为本位"才能打造育人的"大先生"，让其成为推进新时代教育高质量发展的关键力量。校本研修是教师专业发展的主渠道，"发展本位全新研"要坚持专业发展目标，坚持教学问题导向，坚持教学研究质量，要加强组织建设，聚焦教学难点，创新教研方式，通过全科沉浸式教研练兵、全组互动式集体练课、全员递进式个人练型，以"三全三式三练"的校本研修全新方式促进人人都能获得良好的专业发展，让不同的教师在专业上得到全新的发展。

"备、教、学、评、研"一体化，它们相互关联、相互促进，是每个数学教师在任何阶段的追求。"备、教、学、评、研"五项关键能力，是教师的五项基本功，练好这些基本功必将让每个学生都实现素养的发展、享受幸福的童年，让每个教师都获得专业的成长、享受幸福的职业！

# 第一章 · 备：数学本位整体备

以数学为本位的单元整体设计，是促进数学知识"结构化"的需要，是发展学生核心素养的需要，是落实"双减"政策的需要。数学本位的单元整体备课，有利于聚焦数学知识本质，对单元内容进行结构化分析。通过提炼大概念、设计大问题、营造大情境，以数学知识的联系和内在逻辑结构促进知识的整体建构，实现数学知识从"点状"走向"整体"，数学思考从"割裂"走向"迁移"，数学思维从"断层"走向"延续"，达成单元整体教学目标。

## 第一节 提炼大概念

《义务教育数学课程标准（2022年版）》（以下简称《课标2022》）提出："改变过于注重以课时为单位的教学设计，推进单元整体教学设计，体现数学知识之间的内在逻辑关系，以及学习内容与核心素养表现的关联。"数学本位的单元整体设计，通过结构关联，能够把单课时知识内容同本单元其他课时内容、本领域其他单元内容、本学科其他领域内容，以及学科外的世界联系起来，形成完整的结构，促进学生认知结构的不断完善。这就需要以"大概念"来统领，形成结构化知识。

《普通高中课程方案（2017年版2020年修订）》首次提出"大概念教学"，即"重视以学科大概念为核心，使课程内容结构化，以主题为引领，使课程内容情境化，促进学科核心素养的落实"。以"大概念"引领教学已成为新一轮课程改革的重要方向，也成为学生核心素养落地的有效载体。

## 一、大概念的内涵

四川师范大学教育科学学院的李松林教授认为：在教育领域，"大概念"的理念早已有之。奥苏贝尔的"要领概念"、布鲁纳的"一般概念"、布鲁姆的"基本概念"、怀特海的"惰性观念"和菲尼克斯的"特色概念"等，都已具有大概念的内涵和意义。自格兰特·威金斯与杰伊·麦克泰格在《追求理解的教学设计》一书中系统地阐述大概念以来，国内外学者在大概念的内涵认识上大致形成了四个基本观点：（1）"上位概念"，认为大概念是处于更高层次，因而能够连接下位概念且在更大范围内具有普适性解释力的概念。郎骁谋等人持有这种观点。（2）"核心概念"，认为大概念是学科学习的核心，是具体的经验和事实都忘记之后还能长久记忆的中心概念。埃里克森、查尔斯、奥尔森等人和美国科学促进会持有这种观点。（3）"认知框架"，认为大概念本身就是有组织、有结构的知识和模型，而且能为学习者提供一个认知框架和结构。克拉克、温哈伦等人持有这种观点。（4）"意义模式"，认为大概念代表着一种有意义的模式，它背后潜藏着一个有意义的世界。威金斯、麦克泰格、余文森等人持有这种观点。

虽然不同学者对大概念持有不同的观点，但可以看出学者们的共识：（1）大概念是抽象概括出来的概念，是在经验和事实的基础上，对概念与概念之间的关系加以抽象概括的结果。（2）大概念是联系整合概念的概念，是概念的集合，能够将各种相关概念和理解联系成一个连贯的整体。（3）大概念是更能广泛迁移的概念，超越了个别的知识和技能，能够在更大范围内加以迁移运用。

简言之，大概念是出于课程结构化的目的，对不同层级核心概念理解后抽象概括出来的具有联系整合作用并能广泛迁移的概念。

## 二、大概念的价值

之所以提出学科大概念，是希望教师在学科教学中打破传统的单元教学模式而倡导大单元教学，使其成为落实学科大概念的实践范式。以学科大概念为核心，通过转变教学方式，教师可以让学生用较少的时间理解大概念，以提高数学教学质量和效率，在知识与方法的迁移中实现数学教学减负增效，促进核心素养落地。

### 1. 转变教学方式

目前，小学生在数学知识学习上普遍存在三个问题：一是"散"。在强烈的"知识点"情结下，学生较少在一个连续的整体中建构知识，学到的大多是庞杂而零散的知识。二是"低"。由于教师较少从更高层次去理解学科知识，学生学到的自然是较多的低位知识，难以从更高层次去俯瞰和理解下位的知识。三是"浅"。在对知识的表层化理解中，学生学到的多是符号化、形式化的知识，较少理解知识背后所蕴含的逻辑根据、思想方法和价值意义。正是学生在知识学习中存在上述三个问题，共同导致了一个严重的后果：学生学到的大多是无意义的"惰性知识"，难以在更大范围内和更高层次上迁移运用自己所获得的知识。应该说，学生学得"散""低""浅"，以及由此所导致的缺乏广泛迁移力的问题，恰恰是我们如此强调大概念的实践动因，也是我们强调改变教学方式的重要原因。

### 2. 发展核心素养

大概念具有三方面作用：一是能够"向上"整合下位概念、"向中"整合外围概念、"向下"整合表层概念、"向外"整合实践经验；二是能够成为知识与知识、方法与价值、观念与行动、能力与品格的交错点，从而较好地整合学生的多个学习过程和多种学习方式；三是大概念不仅成为连接课程知识与核心素养的中介，而且能较好地统摄与整合学生的正确价值观、必备品格和关键能力。可见，大概念为实现核心素养目标提供了可行的路径。因此，强调大概念教学，是发展学生核心素养的必然选择。

## 三、提炼大概念的途径

既然大概念如此重要，那么如何找到我们所强调的大概念呢？从哪些方面提取大概念呢？

### 1. 大概念的表达

大概念，从表达上看，可以是一个词、一个句子或者一个问题。从形式上看，可以是一个概念，如"等积变形""等量关系"等；一个命题，如"定点确定圆的位置""定长确定圆的大小"等；一个理论，如"4的倍数的特征看末尾两位数""整数乘法的计算方法相同"等；一个主题，如"欢乐购物街""营养午餐"等；一个问题，如"为什么乘法口诀只编到9""学校的绿化面积够吗"等；一个观点，如"转化是解决多边形面积的方法""梯形的面积公式是多边形面积的统一计算公式"等。

### 2. 大概念的划分

大概念是一个相对性的概念，纵向上，由低到高可分为四个层次。

一是学科课时内的大概念，如《认识乘法》一课中的"简化思想"，《分数的产生和意义》一课中的"单位1"和"分数单位"。

二是学科单元内的大概念，如"运算律"单元内的"运算意义理解运算律"和"学习方法迁移"，"多边形的面积"单元内的"度量单位的累加"和"转化思想"。

三是学科单元间的大概念，如"整数加法""小数加法"与"分数加法"单元之间的"计数单位的累加"。学科单元间的大概念再往上加以抽象概括，常常就成为本学科的大概念，如"数与运算的一致性"。

四是跨学科的大概念，如"多样性""结构性""合理性""减量降碳"等。

根据大概念的属性，其在横向上又包括三种基本类型。

一是结论与结果类的大概念。这类大概念属于知识的最终成果，如数的运算的"计数单位的累加或累减"，长度、面积和体积的"度量单位的累加"，商变化规律等。

二是方法与思想类的大概念。这类大概念属于知识的发现与建构，如数据的收集、整理与表达，等量替代法，转化思想等。

三是作用与价值类的大概念。这类大概念属于知识的迁移与运用，如长方体、正方体、圆柱体、直柱体的体积计算公式等于底面积 × 高，用尺规作图画圆使任意直角三角形的三个顶点都在圆上，直角三角形的斜边是圆的直径等。

### 3. 提取大概念的路径

在教学实践中，提炼大概念有以下几条路径。

- **课程标准**

《课标 2022》是国家课程的纲领性文件，规定了教育目标、教学内容和教学基本要求，体现国家意志，在立德树人中发挥着关键作用。因此，原则上，所有大概念的提取都要参照课程标准。此外，从课程标准中也可以直接提炼出大概念。比如，《课标 2022》指出，小学阶段"数与代数"领域，"'数与运算'包括整数、小数和分数的认识及其四则运算""初步体会数是对数量的抽象，感悟数的概念本质上的一致性，形成数感和符号意识；感悟数的运算以及运算之间的关系，体会数的运算本质上的一致性"。我们可以从中提取出"一致性"是"数与运算"的大概念。具体阐述如下。

（1）数的认识的"一致性"。

数的认识的"一致性"体现为"计数单位"是建构数的基础。因而，认识数的关键是认识"计数单位"。

整数、小数和分数在数的认识上的内容要求分别是：第一学段是在实际情境中感悟并理解万以内数的意义，理解数位的含义。第二学段是在具体情境中，认识万以上的数，了解十进制计数法；结合具体情境，初步认识小数和分数，感悟分数单位。第三学段是结合具体情境探索并理解小数和分数的意义，感悟计数单位。可见，整数、小数和分数的内容要求是共通的：一是从实际情境的数量中抽象出数；二是理解数的意义；三是数的符号表达；四是理解数位和感悟计数单位。其中，认识整数的关键是了解数位和计数单位。数字有两个值，即数字值与位置值：数字值是数字本身所表示的值，位置值是数字本身与其位置结合起来所表示的值。

分数的计数单位虽然可以按大小从左至右排成一列，但这些计数单位之间没有明确的倍数关系。数学教材中对分数计数单位的强调不够，很容易导致学生认识不到分数有计数单位。分数是部分和整体关系的表达，使整数进一步向有理数扩充，所以分数的表达与整数有所不同。分数单位是认识分数的关键。从计数来讲，分数是分数单位的累加，如 $\frac{3}{4}$ 就是 3 个 $\frac{1}{4}$ 累加。

小数是一种特殊的分数，其本质是十进制分数。小数的表示与整数一样，关键也是数位、计数单位和数字符号。用十进制的方式表示小数与整数的表示一致，实际上是扩展了十进制计数法。因此，认识完小数后，通常要进一步把整数和小数的数位顺序表统整起来，让学生理解小数和整数表达的一致性。

（2）数的运算的"一致性"。

整数、小数和分数的运算本质上是对计数单位的运算，即计数单位累加或累减的过程。

整数、小数和分数在数的运算上的内容要求分别是：第一学段是在具体情境中，了解四则运算的意义，感悟运算之间的关系；探索加法和减法的算理与算法，会整数加减法；探索乘法和除法的算理与算法，会简单的整数乘除法。第二学段是会同分母分数的加减法和一位小数的加减法；理解四则运算的意义，能进行整数四则混合运算。第三学段是能进行简单的小数、分数四则运算和混合运算，感悟运算的一致性。

①加法运算的"一致性"：

整数加法运算：比如 8+6，从整数来看，就是从 8 开始，以"1"为单位连续累加 6 次，得到 14。8 个"1"和 6 个"1"合起来就是 14 个"1"，得到 14。

小数加法运算：比如 0.8+0.6，表示从 0.8 开始，以"0.1"为单位连续累加 6 次，得到 1.4。8 个"0.1"和 6 个"0.1"合起来就是 14 个"0.1"，得到 1.4。

分数加法运算：比如 $\dfrac{2}{9}+\dfrac{5}{9}$，表示 2 个 $\dfrac{1}{9}$ 和 5 个 $\dfrac{1}{9}$ 累加，得到 7 个 $\dfrac{1}{9}$。

又如 $\dfrac{1}{3}+\dfrac{2}{5}$，异分母分数加法通常是寻找一个新的计数单位，这个新的计数单位对它们来说就能获取计数值。通常采用通分找到新的计数单位，然后依然是分数计数单位个数的累加。

②减法运算的"一致性"：减法是加法的逆运算，即计数单位个数递减的运算过程。

③乘法运算的"一致性"：乘法在本质上是一类特殊的加法，所以乘法依然是计数单位个数的累加。

整数乘法运算：比如 $200 \times 30 = (2 \times 3) \times (100 \times 10) = 6000$；又如 $25 \times 3 = 20 \times 3 + 5 \times 3 = (2 \times 3) \times (10 \times 1) + (5 \times 3) \times (1 \times 1) = 60 + 15 = 75$。

分数乘法运算：比如 $\dfrac{3}{4} \times \dfrac{5}{7} = (3 \times \dfrac{1}{4}) \times (5 \times \dfrac{1}{7}) = (3 \times 5) \times (\dfrac{1}{4} \times \dfrac{1}{7}) = 15 \times \dfrac{1}{28} = \dfrac{15}{28}$。

小数乘法运算：比如 $0.2 \times 0.7 = \dfrac{2}{10} \times \dfrac{7}{10} = (2 \times 7) \times (\dfrac{1}{10} \times \dfrac{1}{10}) = 14 \times \dfrac{1}{100} = \dfrac{14}{100} = 0.14$，或 $0.2 \times 0.7 = (2 \times 0.1) \times (7 \times 0.1) = (2 \times 7) \times (0.1 \times 0.1) = 14 \times 0.01 = 0.14$。

归纳上面的计算过程可以得到这样的算理：乘法运算是计数单位与计

数单位相乘，计数单位上的数字与计数单位上的数字相乘。这样的算理是根据算律得到的。根据算理，可以得到算法：分数乘法，分子乘以分子，分母乘以分母；小数乘法，先按整数乘法计算，再把乘数小数点的个数相加。

④除法运算的"一致性"：除法是乘法的逆运算，也是计数单位个数递减的运算过程。

整数除法运算：比如，$1300 \div 4$ 按照以下步骤进行运算：13个（百）÷ $4 = 3$个（百）……1个（百）；10个（十）÷ $4 = 2$个（十）……2个（十）；20个（一）÷ $4 = 5$个（一）。最后将所有的商3个（百）、2个（十）与5个（一）组合起来，得到结果325。

小数除法运算：比如，$1.3 \div 0.04$ 可以利用"商不变规律"将其转化成整数除法，即 $1.3 \div 0.04 = 130 \div 4$，这样就可以按照整数除法的运算方法来进行小数除法运算了。

分数除法运算：基于演绎推理，同理可证 $\dfrac{b}{a} \div \dfrac{d}{c} = \dfrac{bc}{ad}$，即

$$\frac{b}{a} \div \frac{d}{c} = \frac{b}{a} \times \frac{c}{d} = (b \times \frac{1}{a}) \times (c \times \frac{1}{d}) = (b \times \frac{1}{d}) \times (c \times \frac{1}{a}) =$$

$$(b \div d) \times (\frac{1}{a} \div \frac{1}{c}) = \frac{bc}{ad}。$$

综上所述，除法运算的一致性体现为：计数单位与计数单位相除，计数单位上的数字与计数单位上的数字相除。当然，整数除法只有计数单位上的数字参与运算。

总之，数的认识的"一致性"是对"计数单位"的认识，数的运算的"一致性"是对计数单位的累加或累减的过程。巩子坤教授、史宁中教授和张丹教授认为可以用下图来表示。

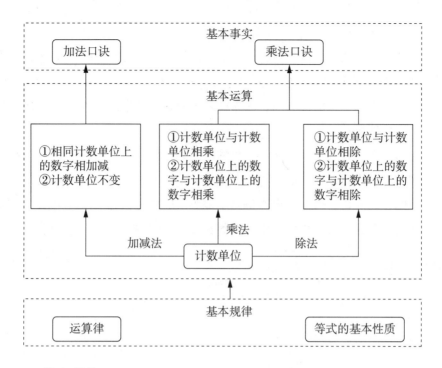

## ● 核心素养

核心素养是指学生通过学科学习应形成的正确价值观、必备品格和关键能力。与课程标准一样，其对教学也具有指导性作用。数学课程要培养的核心素养主要包括"会用数学的眼光观察现实世界""会用数学的思维思考现实世界""会用数学的语言表达现实世界"三个方面。小学阶段，核心素养主要表现为数感、量感、符号意识、运算能力、几何直观、空间观念、推理意识、数据意识、模型意识、应用意识、创新意识。由于课程目标的确立是立足学生核心素养发展，集中体现数学课程育人价值，因此，大概念也可以从核心素养中提取。

比如"量感"：《课标2022》为什么要强调量感？因为"量感"是个大概念，是形成抽象能力和应用意识的经验基础。量感的本质是对数的表达，如认识不同的计量单位、理解统一度量单位的必要性、选择合适的单位度量、不同度量单位换算、合理估计度量的结果等。通过"量感"大概念，我们可以直观感知事物的可测量属性及大小关系。

● 教材理解

由于大概念往往潜藏于教材知识的内核深处，要让大概念的雏形得以显现，教师需要从知识的产生与来源、知识的关系与结构、数学的思想与方法、知识的作用与价值等方面，去深度理解教材，从中提炼大概念，引导大单元结构化教学。

比如，人教版五年级下册"分数的意义和性质"单元中各小节的"大概念"和单元"大概念"。通过对教材纵向分析和对"分数的意义和性质"单元学习内容的分析，可提炼出本单元学习小节的"大概念"以及单元"大概念"——分数的意义（数量表征和关系表征），见下表。

| 小　节 | 例题分布 | 内　容 | 大概念 | |
|---|---|---|---|---|
| 分数的意义 | 分数的产生 | 在进行测量、分物或计算时，往往不能正好得到整数的结果，这时常用分数来表示。 | 分数意义及其不同的内涵。 | 分数的意义（数量表征和关系表征）。 |
| | 分数的意义 | 用分数表示部分与整体的关系（包含关系）。 | | |
| | 例1、例2 | 把一个或多个物体平均分，用除法表示分的过程，用分数表示分得的数量。 | | |
| | 例3 | 用分数表示两个数量之间的关系（并列关系）。 | | |
| 真分数和假分数 | 例1 | 介绍真分数。 | 分数是分数单位累加的结果。 | |
| | 例2 | 介绍假分数和带分数。 | | |
| | 例3 | 假分数与带分数、整数的互化。 | | |
| 分数的基本性质 | 例1 | 归纳分数的基本性质。 | 相关等值分数的单位及其个数的变化规律。 | |
| | 例2 | 利用分数的基本性质改写分数。 | | |
| 约分 | 例1—例3 | 求最大公因数。 | | |
| | 例4 | 利用分数的基本性质，把分数化成最简分数。 | | |
| 通分 | 例1—例3 | 求最小公倍数。 | | |
| | 例4 | 同分母分数、同分子分数比较大小。 | | |
| | 例5 | 应用通分，比较异分母分数的大小。 | | |
| 分数和小数的互化 | 例1 | 把有限小数化成分数。 | 分数和小数的意义及关系。 | |
| | 例2 | 利用分数与除法的关系，把分数化成小数。 | | |

下图是浙江省杭州市上城区教育学院朱乐平老师梳理出的"分数的意义和性质"单元的知识结构图。

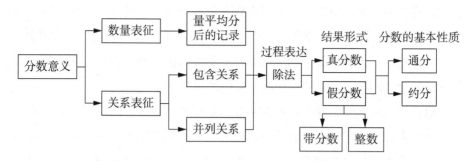

基于数量表征和关系表征，将分数意义的内容恰当地组织起来，进而形成适宜学生理解和迁移的知识结构，避免学生简单、孤立地学习知识与方法，使其在学习过程中建立起合理的结构体系，这就是大概念使课程内容结构化的价值所在。

● **抽象概括**

其实，大概念都是抽象概括的结果。教师可以基于自己的习惯理解，从以下四个方面抽象概括出大概念。

（1）从现象到本质。例如，沏茶是通过"事件合理加叠"带来时间变化，烙饼是追求"空间充分利用"实现时间变化，其本质是"优化策略"，"优化策略"就是大概念。"优化"既要关注"使用"后带来的"时间变化"与"规律发现"，也要理解"优化"背后的结构归因与本质联系，更应该让学生感受到"变与不变""因何而变"的思辨与思想。

（2）从事实到价值。例如，长度、面积和体积的测量，其背后蕴含的则是"度量单位的累加"这个大概念。

（3）从特殊到一般。例如，2、5的倍数的特征为什么只看个位？虽然教材中列举了大量的例子来说明这个结论，但其本质是"计数单位"，把这个数分成两部分，即"几个十"和"几个一"。由于"几个十"一定是2、5的倍数，所以只看个位的"几个一"就可以了。

（4）从部分到整体。例如，边长和周长都属于"长度"，周长、面积和体积都是一个"数"。

● **知能目标**

知识和技能目标也可以向上提炼为大概念。比如，"明确毫米产生的实际意义，建立 1 毫米的概念，会用毫米作单位进行测量"的知能目标可以上升为"单位是将整体转化为部分，使之可测量和可比较的统一工具"的大概念。

以上揭示了大概念提取的五条路径。需要指出的是，在很多情况下，大概念的提取是几条路径共同作用和验证的结果。

以大概念为线索的课程内容结构化的单元整体设计，有助于课程实施者更好地把握课程内容本质，在分析和提炼大概念的基础上，理解具体学习内容的学科本质，使学生深刻理解和掌握学习内容，并在此基础上实现知识与方法的迁移，从而促进学生核心素养的形成。

# 第二节　设计大问题

提炼大概念是为了促进课程内容的结构化，目的在于体现学习内容之间的关联，使学生更好地理解一个学科的基本原理，进而促进其对学习内容的掌握和能力的发展。那么，如何把大概念落实在课程内容之中呢？《课标2022》指出：重视设计合理问题。问题提出应引发学生认知冲突，激发学生学习动机，促进学生积极探索。实际教学中，"让课堂充满问题"很容易，但是没有价值；"让问题充满思考"不容易，但是很有价值。什么样的问题才能启智增慧，促进学生的深度学习，建立结构化的知识体系，进而发展核心素养呢？提出大问题应是一条行之有效的路径。

## 一、大问题的特性

大问题可以引领教师深入解读教材，有效开展师生对话，立足学情设计出具有针对性与实效性的话题；可以激发学生的探究欲望，引导学生充分参与教学活动，在问题情境中通过学习材料、学生、教师的互动对话，培养学生数学思考、数学阅读、数学表达的能力，以及理性思维，不仅让学生掌握数学知识，形成思辨能力，提升数学素养，更让学生在课堂上收获学习自信与快乐，形成自主、协同、生动、灵性的对话课堂。

大问题强调的是问题的"大"，要有哪些"大"呢？

一是问题"大"在有"度"，就是要有一定的开放度，能够为学生的独立思考与主动探究提供充分的探索空间。

二是问题"大"在有"质"，就是问题要指向数学本质，这个本质，不仅仅是基础知识、基本技能、基本思想和基本活动经验的"四基"，还要指向发现问题的能力、提出问题的能力、分析问题的能力和解决问题的能力的"四能"。

三是问题"大"在有"导"，就是能够引导"学为中心"的课堂学习，让学生在问题的引导下开展启发式、探究式、参与式、互动式的学习，改变传统课堂教学的逻辑结构，发挥教学方式的育人价值，培养学生的数学眼光、数学思维和数学语言。

## 二、思考课前大问题

好的教学设计是一堂好课的关键影响因素。日常教学中，教师花在备课上的时间并不是很多，要么凭经验备课，要么抄教案授课，能深入解读教材、熟悉学情并认真设计教学活动的并不多，这就导致课堂教学效率不高，学生的核心素养得不到发展。要改变这种教学现状，在于引导教师静下心来研究教材、研究学生，设计出有利于学生数学思考的互动对话课堂。基于这样的思考，如果教师在每节课的课前能思考几个大问题，"逼"着教师备好教材、备好学生，就能为高质量课堂奠定基础。课前思考的大问题可以围绕知识的重难点、疑惑点、关联点来设计。

### 1. 围绕重难点思考问题，明白是什么

教学中，教师知道重难点是什么，但往往由于思考肤浅，没能找到更好的解决方法，课堂学习深度不够，缺少数学味。因此，每节课都应深入思考

学习的重难点，思考突破重难点的方法。比如，人教版三年级下册《笔算除法》一课，教师在教学前可思考一部分学生笔算喜欢一步到位，如何通过教材中两个例题的比较，让学生明白竖式的两层架构。人教版六年级上册《分数乘整数》一课，教师可思考如何将"求一个数的几倍"迁移到"求一个数的几分之几"。人教版六年级下册《统计与概率的整理复习》一课，教师可思考如何创设情境让学生经历数据收集、整理、表达全过程，培养学生的数据意识和应用意识。人教版四年级下册《平均数》一课，教师可思考如何让学生理解平均数的代表性、虚拟性和敏感性，体会平均数的抽样统计。基于这样的问题思考，教师在处理知识重难点上必然会有更好的思考和解决策略，提高课堂教学质量就会水到渠成。

2. 围绕疑惑点思考问题，明白为什么

课堂上，教师要让学生经历知识的形成过程，在一连串问题中，激发学生的探索热情，引发数学思考，开发智慧潜能，迸发创新火花，弄懂、弄清知识的来龙去脉。比如，人教版三年级下册《笔算除法》一课，笔算除法中，为什么要从高位算起？人教版六年级上册《圆的周长》一课，为什么圆的周长是直径的3倍多一些？人教版五年级上册《平行四边形的面积》一课，为什么平行四边形的面积不是底边乘邻边，而是底乘高？当有了这些问题，教师还会担心"知识满堂灌"吗？一定会呈现师生互动的课堂景象。

3. 围绕关联点思考问题，明白"联"什么

数学知识的逻辑性以及螺旋上升的特点，决定了数学知识间的紧密联系。教学中，教师往往依课教课，没有单元目标和知识体系的观念，导致学生对每节课的学习都是全新的认识，知识间出现脱节。备课时，教师要宏观地从知识领域去思考问题，寻找知识间的关联点，让知识形成网络体系。比如，人教版六年级上册《分数乘整数》一课，对于整数除法、小数除法、分数除法，教师要让学生理解为什么它们的计算道理是一样的。人教版五年级下册《分数的意义》一课，教师要思考如何借助数轴让学生理解单位"1"，

并打通整数、分数、小数的关系。人教版二年级上册《"线段和角"复习》一课，教师要思考如何通过复习引导学生感知线、面、体的关系。人教版四年级上册《平行四边形的认识》一课，教师要思考如何让学生了解平行四边形与长方形、正方形之间的内在联系。有了对这些问题的思考，课堂让学生就不再是单一的知识学习，而是拥有立体的感受和体验。这对学生掌握数学知识体系、培养数学思维，将会起到助推剂的作用。

教师只有有了课前的大问题意识，才能激发与编者对话、与教材对话，基于教材和学情思考如何教，设计出更加符合学生学习的问题情境，达到事半功倍的效果。

## 三、设计课中大问题

教学中，教师的对答式问题偏多。一堂课上，教师提出的问题有几十个，这些问题要么无从答起，要么没有思维含量，学生的思维得不到碰撞。因此，课堂中，教师要以问题为导向，通过设计大问题，在师生、生生互动和平等对话中，激励学生自我对话，鼓励学生争辩对话，让学生不再自我封闭，而是善于思考、表达和敢于质疑，在对话中相互启发，进而迸发出智慧的火花，在宽松的对话中理解知识、内化知识，使学习变得生动和有趣。

### 1. 知识点处设计大问题

看着教材上的很多知识点较简单，觉得很自然，教师教学时往往是告知给学生，学生在不明道理的情况下接受。这将会导致学生对知识的浅层学习，久而久之，便会漠视问题，成为接收信息的容器。

比如，人教版三年级下册"两位数乘两位数"单元中有这样一道例题：每套书有 14 本，王老师买了 12 套，一共买了多少本？计算 $14 \times 12$ 时，教材中呈现的方法一是：$14 \times 4 = 56$，$56 \times 3 = 168$。方法二是：$14 \times 10 = 140$，$14 \times 2 = 28$，$140+28 = 168$。如果只凭这两种方法，就让学生选择方法二计算，未免太武断了。为什么方法一不可以？用 14 先乘 4 再乘 3 也可以解决，还可以用 14 乘 6 再乘 2，也等于 168。此时，学生体会不到把一个乘数拆成整十数和个位数，然后先乘个位数，再算十位数，最后把两次的积加起来的"普适性"算法。怎么办？如何引发学生深入思考，让学生深刻理解两位数乘两位数的算法和算理？这就需要针对知识点设计大问题。这个大问题便是：为什么两位数乘两位数一般是把一个乘数拆成整十数加个位数，然后再进行计算？有了这个大问题的引领，学生便会想到诸如 17×13 的例子，因为 17×13 无法把乘数 17 或 13 拆成两个整数相乘，只能把一个乘数拆成整十数加个位数，再进行计算。这就是大问题的价值所在，不仅让学生明白两位数乘两位数的算法和算理，也为后续学习多位数乘多位数打通思路。可见，在知识点设计大问题，能有效引导学生深入思考，理解数学的本质。又如，笔算加法、减法、乘法时，都是从低位算起，为什么笔算除法一般从高位算起？类似的大问题不胜枚举。

## 2. 混淆处设计大问题

混淆，指迷惑，将一样东西误认为另一样东西。数学上，学生对知识点认识不清、理解不明，往往会把相关的知识点混淆在一起，不利于知识的建构。学习中，学生要通过对比、辨析、争论等形式，明确其中的道理。

比如，人教版五年级下册《折线统计图》一课，学生在学习"条形统计图"的基础上学习"折线统计图"，两者都可以表示数量的多少。对于统计表中的一组数据要制作成统计图，学生往往难以选择是用条形统计图还是折线统计图，"如何选择合适的统计图"就是混淆点的大问题。学生在大问题的引导下，根据统计表的项目和数据进行区分——如果是统计不同种类的数据，就选择条形统计图；如果统计的是同一种项目的不同时间数据，就选择折线统计图。混淆点处的大问题，使学生不再迷糊，让认识得到透彻的理解。

## 3. 生长点处设计大问题

每一个知识点的学习一般都有它的生长点和延伸点，遵循螺旋上升的原则，这是认知规律。每一个知识点既是已学知识的延伸点，又是后续学习的生长点。教师要引导学生学懂知识点，领悟延伸点，在应用中解决实际问题，沟通知识间的整体学习与应用。

比如，人教版五年级上册"组合图形的面积"教学内容中有这样一道例题：下图表示的是一间房子侧面墙的形状，它的面积是多少平方米？

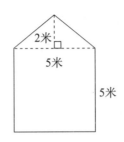

学生给出的常规方法是把图中上面三角形的面积加下面正方形的面积，或者把组合图形分割成几个图形后再计算，或者把上面三角形的左边旋转到右边拼成一个长方形再计算。这样的思考方法不利于知识的结构化，更不利于学生创新意识的培养。其实，原因不在于学生，而在于教师不能通过大问题的设计，启发学生充分调动知识基础和活动经验，导致学生思维狭隘。如果设计这样一个大问题——"你还能用转化的思想计算吗"，实践中立马会取得不同的效果。学生通过回顾三角形面积计算方法的推导过程，用"出入相补原理"，可以把上图中的三角形转化成一个长方形，与下面的正方形拼成一个长方形进行计算（如下图所示）。

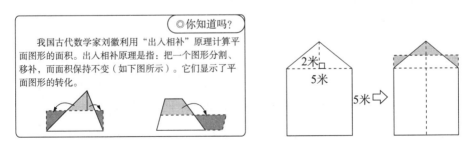

学生还可以根据同底等高的三角形面积相等的原则，把上面三角形的顶点平移成一个直角三角形，与下面的正方形拼成一个梯形再计算（如下图所示）。

下图中哪几对三角形的面积相等？（两条虚线互相平行。）
你还能画出和三角形ABC面积相等的三角形吗？

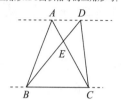
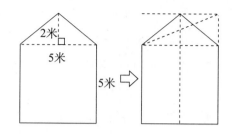

设计这样的大问题，有利于教师发挥"多边形的面积"单元中"转化"大概念的作用，促进方法的连通，培养学生的空间观念、应用意识、创新意识等核心素养。

大问题的课堂必然激荡起鲜活数学课堂的生命与活力，让课堂更加有趣、有效、有数学味；学生的问题意识、数学思考、数学表达和理性思维得到提升，核心素养在课堂上得到落实；教师的教学设计能力、课堂驾驭能力得到发展，促进了师生的和谐发展。

# 第三节　创设大情境

《课标2022》在总目标中提出："在探索真实情境所蕴含的关系中，发现问题和提出问题，运用数学和其他学科的知识与方法分析问题和解决问题。"在教学建议中提出：注重创设真实情境，注重情境素材的育人功能，注重情境的多样化。可见，创设大情境对学生学习、培养学生的"四基"和"四能"、发展学生核心素养具有重要的作用。

## 一、大情境的特征

指向学生核心素养的大单元教学的大情境，具有以下四个特征。

第一，大情境具有整合性。大情境是贴近学生的既有经验，且符合其当下兴趣的特定环境。这样的大情境为学生日常生活实践与学校课程（领域）学习搭建了桥梁，赋予了学生学习活动以意义。

第二，大情境具有适切性。创设的真实情境，要能调动学生的生活经验和知识经验基础，精心选择或创设一个学生相对熟悉，又与整个大单元学习相适切的大情境，能激发学生的学习兴趣和参与热情，让他们沉浸到知识的情境之中，增进对数学知识的理解。

第三，大情境具有统领性。大情境不仅用于学习导入，而且在统领整个教学单元或课时，是学生单元学习或课时学习活动的真正载体。

第四，大情境具有价值性。大情境素材不仅能够激发学生的自主探究热情，感受数学在现实世界中的广泛应用，体会数学的价值，而且具有育人价值。

## 二、大情境的类型

创设大情境，教师可从社会生活、科学和学生已有数学经验等方面入手，围绕教学任务，选择贴近学生生活经验、符合学生年龄特点和认知加工特点的素材。大情境可以是单元教学的大情境，也可以是主题学习的大情境，还可以是一课时学习的大情境，目的是通过大情境激发学生的学习动机，促进学生积极探究，让学生经历观察、数学思考、数学表达、概括归纳、迁移运用等学习过程，在活动中逐步发展核心素养。

### 1. 创设与社会生活关联的大情境

（1）单元的大情境。

单元整体教学设计体现了数学知识之间的内在逻辑关系，以及学习内容与核心素养表现的关联。一个教学单元如果能以一个大情境串联在一起，让学生在真实情境中解决真实问题，就能更好地激发学生学习的热情，促进知识的结构化。

比如，人教版五年级上册第六单元"多边形的面积"，本单元的学习内容平行四边形面积、三角形面积、梯形面积、组合图形面积和不规则图形面积与学生的生活息息相关。如果采用计算一个个图形面积的方法进行教学，难以激发学生的学习热情，不利于知识的结构化，学生也体会不到数学学习的价值。因此，教师可根据教材内容特点，结合"绿色环保"和"碳中和"社会热点，围绕大问题"校园绿地面积符合标准吗？"创设"校园绿地面积的测量"的大情境，满足学生的学习需求。通过怎么求平行四边形面积、三角形和梯形面积、组合图形的面积、叶子的能量（不规则图形的面积）等子任务进阶探索，最终回答"校园绿地面积符合标准吗？"这个大问题。学生在整个学习的过程中也领悟到了"度量单位的累加"和"转化思想"的大概念。

（2）课时的大情境。

并不是每个教学单元都可以创设大情境。其实，一个课时的大情境更具有教学指导意义。从课始的情境导入，到课中的情境探索，再到课末的情境应用，教师都可以以一个大情境串联在一起，让学生在乐此不疲的课堂上开启愉悦的学习之旅。

比如，人教版五年级下册《折线统计图》一课，教材中的学习素材就与生活相关联，这就为教师创设大情境提供了便利。而且，教师可以根据不同的教学地点，灵活选用当地素材创设大情境，激发学生的学习兴趣。例如，由于宁德时代新能源科技股份有限公司是研发中国新能源汽车动力电池的佼佼者，其总部位于福建省宁德市，在宁德市执教《折线统计图》时，我便创设了"探秘宁德时代动力电池"的大情境，以三个环节推进探究性学习。首先，分析全球部分动力电池企业2023年净利润统计表和宁德时代新能源科技股份有限公司2019—2023年度净利润统计表，选择合适的统计图。其次，分析宁德时代新能源科技股份有限公司2019—2023年度净利润统计图，探究折线统计图的特征。最后，预测宁德时代新能源科技股份有限公司2024年度净利润。为了弥补现场收集数据的缺憾，我在课前让一个学生戴上"华为手环"每5分钟测一次心率并记录，课末以现场测量数据生成该同学的心率变化折线统计图，并分析变化的原因。本节课用高科技串起了学生的学习，让学生在兴趣盎然中学习折线统计图的知识，感受中国新能源动力电池的高科技，增强民主自豪感。这就是大情境具有的育人价值。

但在厦门市执教《折线统计图》一课时，以上的大情境却并不合适。厦门是一座高素质、高颜值、现代化、国际化的城市，是全国旅游热点城市之一，因此，我创设了"带您看厦门"的大情境，以三个环节推进探究性学习。首先，分析全国 5 个旅游城市 2023 年净利润统计表和厦门市 2019—2023 年度净利润统计表，选择合适的统计图。其次，分析厦门市 2019—2023 年度净利润统计图，探究折线统计图的特征。最后，借鉴成都、重庆、西安 2023 年中秋、国庆旅游火爆的经验，为厦门市 2024 年旅游发展出"金点子"。这种基于社会生活的大情境，总会让学生学得有趣、有用、有味。

### 2. 创设与科学研究关联的大情境

创设与科学研究关联的大情境，可以是与科技前沿或者我国重大科技工程有关的情境，也可以是体现中国数学家贡献的素材，从而帮助学生了解和感悟中华民族独特的数学智慧，增强文化自信和民族自豪感。

比如，执教《圆的周长》一课时，我创设了"像数学家一样探索圆周长的奥秘"的大情境。具体内容如下。

**情境导入**：关于圆，古人对它有很深的研究。2400 多年前，有一个著名的思想家叫墨子，他说了这么一句话："小圆之圆，与大圆之圆同。"你知道"同"是什么意思吗？

**情境探知**：（1）正方形周长是边长的 4 倍，圆的周长和直径有关系，那么，圆的周长会是直径的多少倍？（2）中国古代从先秦时期开始，用"周三径一"来计算圆的周长，"周三径一"是什么意思？（3）3 世纪中期，我国魏晋时期的数学家刘徽认为，用"周三径一"计算出来的圆周长，实际上不是圆的周长，而是圆内接正六边形的周长，其数值要比实际的圆周长小得多。你能借助圆内接正六边形说明圆的周长是直径的 3 倍多一些吗？并用实验方法测量周长和直径，计算周长与直径的倍数关系。（4）介绍圆周率发展史：刘徽把圆内接正多边形的周长一直算到了正 3072 边形，并由此求得圆周率为 3.1415 和 3.1416 这两个近似数值，这个结果是当时世界上计算圆周率最精确的数据，刘徽所创立的"割圆术"方法为中国古代数学发展作出了重大贡献。到了南北朝时期，祖冲之在刘徽的这一基础上继续努力，终于使圆周率精确到了小数点以后的第七位，在3.1415926和3.1415927之间。在西方，这个成绩是由法国数学家韦达于1593年取得的，比祖冲之晚了1100多年。

**情境应用**：圆周率是一个无限不循环小数，但在实际应用中常常只取它的近似值，比如 $\pi \approx 3.14$。当生活中需要比较精确计算时，如航空航天领域计算圆周长，你觉得圆周率此时怎么取值更好？

通过"像数学家一样探索圆周长的奥秘"的大情境，把数学文化与学生对圆周率的猜测、推理、探究结合在一起，让学生经历古代数学家探索的步骤和方法，在猜想、推理、实验等数学活动中，理解圆周率的知识本质，感受中华民族优秀数学文化，增强民族自豪感，发挥情境素材的育人功能。

### 3. 创设与数学经验关联的大情境

学生在不同年龄段具有不同的生活经验和知识经验，教师要根据年龄特点，创设引发学生学习兴趣和积极探索的大情境，如购物中的商品促销、分段计费、选择出行方式等，让学生在真实情境中学习、成长。

总之，大概念、大问题、大情境具有内在的联系，这三个方面是单元整体设计的灵魂，要将其渗透到单元教学设计中的教学内容分析、学情分析、单元学习目标制定、教学策略选择、教学活动设计、教学评价等环节，甚至渗透到每一个具体知识学习、探究与思维活动过程中。大概念使课程内容结构化、课程内容情境化。大问题、大情境是单元学习、课时学习活动与核心素养发展的载体，没有大问题与大情境的单元教学设计，学生核心素养的培养将被虚化，学生的学习活动将回归"以知识为本"的老路，将更加关注知识点的形成。这将不利于知识的结构化。因此，只有把大概念、大问题、大情境融入单元整体设计的各个环节，才能实现单元整体设计统揽全局又有序开展，使学生在学习活动中逐步发展核心素养。

# "多边形的面积"单元整体设计案例

（设计者：厦门海沧延奎实验小学　易增加、谢美兰）

**学习内容**：人教版五年级上册"多边形的面积"单元整体设计。
**大概念**：度量单位的累加、转化思想。
**大问题**：校园绿地面积符合标准吗？
**大情境**：校园绿地面积的测量。

## 一、单元学习主题

《课标2022》强调："适当采用主题式学习和项目式学习的方式，设计情境真实、较为复杂的问题，引导学生综合运用数学学科和跨学科的知识与方法解决问题。"但目前的学习中，学生学习更多停留在虚拟的任务情境、虚拟的问题解决和虚拟的学习评价中，虚拟的任务情境难以驱动学生真实参与，虚拟的问题解决难以实现学生真实理解，虚拟的学习评价难以促进学生核心素养的生成。

如何从知识走向素养，创设整合性真实情境，让学生体验到真实学习呢？"多边形的面积"这一单元是很好的实施载体。

本单元结合社会热点"碳中和"和"绿色环保"，围绕大问题"校园绿地面积符合标准吗？"，开展以"校园绿地面积的测量"为大情境的学习实践活动，满足学生的学习需求，通过5个子任务进阶探索，最终指向大任务的完成。

在学习探索的过程中，我们不仅实现了知识与实践的融合、数学学科知识的融合、跨学科知识的融合、课内课外学习方式的融合、教学评的融合，也改进了知识学习的方式，向能力素养、情感态度延展，重视学科实践评价，实现从单项能力向综合能力的延展。

本单元以整合性的真实情境为基础，以观念统整的真实任务为核心，以身心俱在的深度参与为根本，以问题解决的真实评价为保障，促进学生知识、能力、素养的协调发展，帮助学生成为具有创新思维、创造能力、敢于面对挑战的社会主义接班人。

## 二、单元学习内容

人教版五年级上册第六单元"多边形的面积"。

## 三、单元教学目标

义务教育阶段"图形与几何"领域的学习，图形的认识、图形的位置与运动指向空间观念、几何直观、应用意识等核心素养的培养，图形的测量则明确指向量感和推理意识的培养，可见本单元更侧重能力的培养和数学思想方法的渗透。因此，厘清"图形与几何"领域各部分学习内容的素养指向，对本单元的学习及学生的发展至关重要。

《课标2022》对"多边形的面积"这一单元的内容要求、学业要求、教学提示及素养目标要求如下。

1. 内容要求：探索并掌握平行四边形、三角形和梯形的面积计算公式；会估计不规则图形的面积。

2. 学业要求：会计算平行四边形、三角形、梯形的面积，能用相应公式解决实际问题。

3. 教学提示：引导学生理解长度、面积都是相应度量单位的累加；引导学生运用转化的思想，推导平行四边形、三角形、梯形等平面图形的面积公式，形成空间观念和推理意识。

4. 素养目标要求：量感、推理意识、空间观念、几何直观等。

基于以上要求，确定单元教学目标如下。

1. 体会探索面积公式的基本思路，能将探索面积公式的基本思路运用到对新图形面积公式的探究中，尝试解决更多图形的面积问题，发展量感、推理意识及创新意识等核心素养。

2.掌握平行四边形、三角形和梯形的面积计算公式，会计算组合图形的面积，会用方格纸估计不规则图形的面积，并能解决生活中一些简单的实际问题。

3.通过度量单位的累加对面积进行测量，认识到方格图是测量面积的基本工具；通过动手操作、实践观察等方法，运用转化思想、推理等方法探索多边形面积的计算方法。

4.感受探索面积公式的乐趣和价值，在探究、反思、问题解决中培养学生的求真态度。

## 四、学情分析

学生对面积计算并不陌生，在学习"多边形的面积"单元之前，经历统一度量单位的学习过程，理解了长方形、正方形的面积，会进行长方形、正方形的面积计算。

本单元的核心目标是渗透转化思想，学生已经具备怎样的转化水平是本单元教学的重要依据。为了能更好地把握学情，了解学生的转化水平，我们从学生是否具有转化意识和所使用的转化方法两个方面入手，对五年级两个班的90名学生进行了前测（前测内容见下表）。

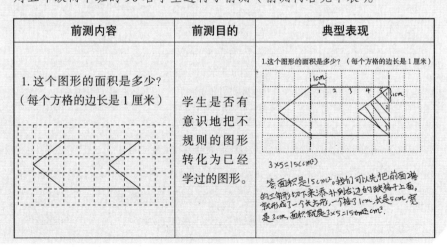

| 前测内容 | 前测目的 | 典型表现 |
|---|---|---|
| 1.这个图形的面积是多少？（每个方格的边长是1厘米） | 学生是否有意识地把不规则的图形转化为已经学过的图形 | 1.这个图形的面积是多少？（每个方格的边长是1厘米） <br> 3×5=15(cm²) <br> 总面积是15cm²。我们可以先把前面凸出的三角形切下来添补到右边的缺格子上面，就形成了一个长方形，一个小格是1cm，长是5cm，宽是3cm，面积就是3×5=15(cm²)。 |

| 前测内容 | 前测目的 | 典型表现 |
|---|---|---|
| 2.平行四边形的面积是多少?（每个方格的边长是1厘米）<br><br><br><br>小唯是这样做的：6×5=30（平方厘米）。<br><br>小美是这样做的：6×4=24（平方厘米）。<br><br>你同意谁的做法？为什么？ | 学生是根据长方形的面积负迁移用底边乘临边（6×5），还是把平行四边形转化成长方形进行计算（6×4），检测学生的转化意识和转化方法。 | |
| 3.用尽可能多的方法计算下面三角形的面积。（每个方格的边长是1厘米）<br><br> | 以直角三角形为例，检测学生是否直观感受直角三角形与学过图形的关系，是否有不同方法转化为已经学过的图形，检测学生的转化方法。 | |

我们将前测结果划分为三个水平层次，结果如下。

水平0：不会转化，3人，占3.33%。

水平1：会把现有图形转化成已学过的图形，66人，占73.33%。

水平2：会用多种方法把图形转化成已学过的图形，21人，占23.33%。

从前测结果中我们发现，只有3.33%的学生没有转化意识，只用数方格方法求面积；水平1和水平2的学生占96.66%，会把不规则图形、平行四边形、直角三角形转化成长方形，这些同学具有转化的意识；水平2的学生占23.33%，能用两种及以上的方法把直角三角形通过旋转、添补、割补等方法转化成长方形，并能比较转化前后图形的面积是否保持不变，具有较强的转化意识和转化方法。

根据前测数据综合分析，大部分学生已具备较强的转化意识，在单元学习中，教师应把转化思想贯穿在整个单元的探究学习中，并大胆放手让学生自主探索，通过"四人学伴"交流各自转化的方法，在相互启发下应用多种转化方法解决图形的面积，形成良好的数学思想和方法。

## 五、单元内容解析

"多边形的面积"是人教版小学数学五年级上册的内容，属于"图形与几何"领域中"图形的测量"的相关内容。

本单元以图形内在联系为线索，以转化、推理的思想方法开展学习，探索并推导多边形面积的计算方法，感悟数学思想方法，最终指向学生量感、推理意识、空间观念、几何直观等核心素养的培养，为后续立体图形的研究做好铺垫。

### （一）教材纵向分析

本单元的主要内容有平行四边形、三角形、梯形、组合图形、不规则图形的面积计算以及解决问题。其中，平行四边形、三角形和梯形的面积计算是在学生掌握了长方形、正方形面积计算以及这些图形的特征的基础上进行学习的。

小学阶段关于度量的学习渗透在各年级中，从一维"线"的度量到二维"面"的度量，逐步走向三维"体"的度量（见下图），其中多边形的面积属于二维"面"的度量。

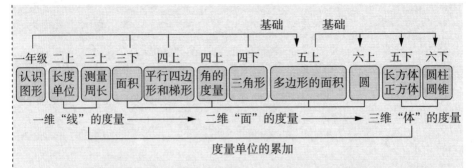

通过分析教材，我们发现，本单元体现了两个具体概念，并以此统领整个单元的学习内容：一是通过度量单位的累加对面积进行测量，方格图是测量面积的基本工具；二是利用新旧图形的转化，由长方形面积公式推导产生新的图形面积公式。

（二）教材横向分析

不同版本教材对于本单元的内容编排如下表所示。

| 人教版 | 苏教版 | 北师大版 | 浙教版 |
| --- | --- | --- | --- |
| 平行四边形的面积 | 平行四边形的面积 | 比较图形的面积 | 图形的拼摆 |
| 三角形的面积 | 三角形的面积 | 认识底和高 | 平行四边形的面积 |
| 梯形的面积 | 梯形的面积 | 探索活动：平行四边形的面积 | 三角形的面积 |
| 组合图形的面积 | 公顷和平方千米 | 探索活动：三角形的面积 | 梯形的面积 |
| 不规则图形的面积 | 不规则图形的面积 | 探索活动：梯形的面积 | 组合图形的面积 |
| 整理和复习 | 组合图形的面积 | 组合图形的面积 | 公顷与平方千米 |

| 人教版 | 苏教版 | 北师大版 | 浙教版 |
|---|---|---|---|
| — | 整理与练习 | 探索活动：成长的脚印（不规则图形的面积） | 综合实践活动：净化空气 |
| — | 综合实践活动：校园绿地面积 | 公顷、平方千米 | — |

分析对比不同教材，我们发现：

1. 学习内容和学习方法相同。

四个版本教材都是基于"平行四边形→三角形→梯形→组合图形"依次开展教学，利用"转化"思想贯穿整个单元的学习，体现单元知识结构化。

2. 学习过程有差异。

人教版和苏教版均以"平行四边形的面积"为起始课；北师大版与浙教版在单元伊始，分别设置了"比较图形的面积"和"图形的拼摆"内容，引导学生先学习"剪拼"与"复制"两种转化方法，再探索不同平面图形的面积，意在帮助学生用"转化"的思想进行知识网络的建构。苏教版和浙教版都在本单元教学最后，增加了一个综合实践活动，通过校园绿地面积的测量和净化空气的数据研究，综合应用本单元的知识解决实际问题。

不同版本的教材都指向了度量单位的累加和新旧图形的转化，在学习过程的编排上虽有差异，但各有其值得借鉴的地方。

基于对单元教学目标和教材横纵向的对比分析，我们对教材进行了整合（见下表）。

| 整合前 | | 整合后 | | | | 备注 |
|---|---|---|---|---|---|---|
| 课时 | 教学内容 | 教学内容 | 课　型 | 整合说明 | 课时 | |
| 1 | 平行四边形的面积 | 比较图形的大小 | 单元起始课 | 思想方法整合 | 1 | 新增 |
| 1 | 练习十九 | 平行四边形的面积 | 核心技能课 | | 1 | |
| 1 | 三角形的面积 | 三角形和梯形的面积（一） | 方法迁移课 | 方法策略整合 | 1 | 整合 |
| 1 | 练习二十 | 三角形和梯形的面积（二） | 模型建立课 | 模型提炼整合 | 1 | |
| 1 | 梯形的面积 | 组合图形的面积 | 能力拓展课 | | 1 | |
| 1 | 练习二十一 | 叶子的能量（不规则图形的面积） | 跨学科主题活动 | 跨学科整合 | 1 | 整合 |
| 1 | 组合图形的面积 | 整理和复习 | 整体建构课 | 知识体系整合 | 1 | |
| 1 | 不规则图形的面积 | 绿化校园在行动——校园绿地面积的测量 | 综合实践活动 | 能力素养提升 | 2 | 应用 |
| 1 | 整理和复习 | | | | | |

## 六、单元设计思想

### （一）凸显数学本质

"度量单位的累加"与"转化思想"是本单元的大概念，它贯穿整个单元的学习活动。史宁中教授对数学基本思想的判定有两点：一是数学的产生和发展所必须依赖的那些思想，二是学习过数学的人应当具有的思维特征。可见，将数学思想贯穿学科学习，至关重要。

基于数方格（面积单位）的个数确定图形面积的大小是获得面积大小的基本方法，也体现了测量的本质。在这个过程中，学生感受到即使没有面积公式，也能通过数方格求得图形面积，感受面积度量的本质。

虽然数方格是通用方法，但推导图形的面积公式是为了更简洁地计算面积。要想推导新图形的面积公式，就需要一个基本思路，即将新图形转化成旧图形，建立旧图形与新图形要素之间的联系，根据旧图形的面积公式推导出新图形的面积公式。这可以培养学生的量感、空间观念、几何直观、推理意识及创新意识等核心素养。

（二）体现知识结构

新增《比较图形的大小》作为单元起始课，是基于北师大版中"比较图形的面积"和浙教版"图形的拼摆"的教材编排考虑的。将这节课作为单元起始课，聚焦图形的变化，教师能够把图形转化的普适性方法和转化思想落到实处，更好地将"度量单位的累加"和"转化思想"渗透到多边形面积的探究中，体现单元知识的结构化，引领单元整体学习。

将《三角形的面积》和《梯形的面积》整合为《三角形和梯形的面积（一）》和《三角形和梯形的面积（二）》，共两课时。第一课时聚焦转化方法的多样化，让学生对图形的转化有一定的活动经验。而且，三角形面积与梯形面积在推导方法上具有内在的一致性，凸显图形面积推导之间的内在联系。第二课时聚焦模型的建立，三角形和梯形通过不同的方式实现同一种转化，从特殊到一般，走向普适性面积公式的推导。

建构多边形面积的逻辑结构。本单元学习主线以《平行四边形的面积》为核心技能课，教师可用"转化思想"和"度量单位的累加方法"将其迁移至三角形、梯形等多边形面积推导；同时，各多边形面积的计算方法之间存在内在联系，可以用梯形面积的计算公式统整长方形、正方形、平行四边形、三角形等多边形的面积计算，关联各图形面积的计算方法。

（三）转变学习方式

1. 情境式体验真实学习。

《义务教育课程方案（2022年版）》指出：强化学科实践，加强知识学习与学生经验、现实生活、社会实践之间的联系，注重真实情境的创设，增强学生认识真实世界、解决真实问题的能力。对于本单元的学习，教师把知识渗透到真实的情境中，让学生在解决真实任务的过程中完成数学学习。

以"校园绿地面积的测量"为单元学习大情境，在真实情境中展开真实学习，最后应用所学知识完成"绿地面积的测量"任务。学生走出教室，进入真实情境中体验真实学习的乐趣，有利于培养创新精神和实践能力。

2. 任务式引领主动学习。

从"以教为主"的小环节走向"以学为主"的大任务是学生学习方式转变的关键。本单元的学习以社会热点"碳中和"为背景，围绕大任务"学校的绿地面积是否达到总面积的30%"，开展"校园绿地面积的测量"实践活动，驱动学生开展多边形的面积探究活动，把大任务拆解成子任务，引领学生主动学习，综合运用所学知识进行校园绿地面积的测量，最终指向问题解决（框架见下图）。

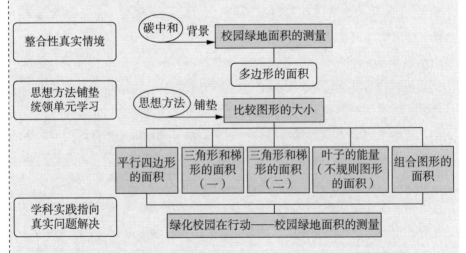

学生在任务的驱动下，经历个人探学、小组互学、全班共学的过程，完成每一个子任务。子任务的完成，顺利推进单元大任务的完成。以"学"为中心的"大任务"引领主动学习，助力学生学习方式的转变，将课堂还给学生。

3. 主题式促进融合学习。

《课标2022》提倡跨学科主题学习，采用主题式学习和项目式学习的方式，设计情境真实、较为复杂的问题，引导学生综合运用数学学科和跨学科的知识与方法解决问题。

苏教版和浙教版在单元学习的末尾均设置了一节综合实践课。这样的设计符合《课标2022》的要求，让学生在实际情境和真实问题中，运用数学等学科的知识与方法，提高解决实际问题的能力，形成和发展核心素养。

本单元将"不规则图形的面积"的学习与综合实践活动整合成项目式学习"叶子的能量"，意在让学生在主题学习中，运用多学科知识融合解决实际问题，在学习方式转变的过程中，进一步提升素养水平。

**研究主题**：叶子的能量。

**研究任务**：一片绿萝墙（见下图）一天可以释放多少氧气？绿萝小组合作探究，完成研究记录卡。

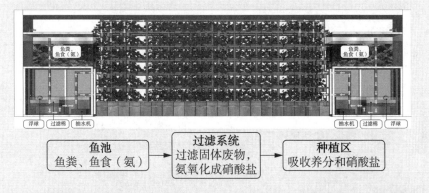

**研究背景**："鱼植共生循环系统"是在我校环保教育理念下推行的一种新型的复合耕作体系，它把水产养殖与水耕栽培两种原本完全不同的农耕技术，通过巧妙的生态设计，达到科学的协同共生，从而实现养鱼不换水而无水质忧患、植物不施肥而正常成长的生态共生效应。

**研究结论**："鱼植共生循环系统"中的绿萝墙，每平方厘米的叶子一天可以吸收10毫克左右的二氧化碳，释放出20~30毫克的氧气。人体细胞利用氧气产生能量，维持身体的各项生理活动，如心脏跳动、大脑活动等。因此，氧气对于维护人体健康和校园生态环境的可持续发展具有重要的作用。

## 七、单元流程图

### （一）单元知识结构流程

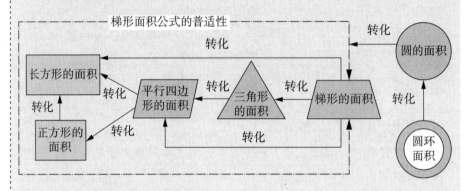

### （二）单元课时教学流程

| 内　容 | 课　题 | 核心问题 | 大问题 | 学生活动 | 核心素养 |
|---|---|---|---|---|---|
| 多边形的面积 | 比较图形的大小 | 如何比较各图形的大小？ | 1. 哪些图形面积相等？为什么？<br>2. 哪两个图形面积之和与第三个图形面积相等？为什么？<br>3. 所给图形面积的计算方法有什么相同点？ | 数方格、分割、移补、转化 | 空间观念、几何直观、推理意识、量感 |
| | 平行四边形的面积 | 如何计算平行四边形的面积？ | 1. 如何计算平行四边形的面积？两名同学有不同的看法，你认同谁的观点？<br>2. 所有平行四边形的面积都可以用底乘高计算吗？<br>3. 平行四边形和长方形面积的计算方法有什么联系？ | 数方格、分割、移补、转化 | |

| 内　容 | 课　题 | 核心问题 | 大问题 | 学生活动 | 核心素养 |
|---|---|---|---|---|---|
| 多边形的面积 | 三角形和梯形的面积（一） | 三角形和梯形可以转化成什么图形？ | 1. 三角形和梯形可以转化成什么图形？<br>2. 还有其他的方法吗？<br>3. 三角形和梯形的面积转化过程有什么相同之处？ | 分割、移补、转化 | 推理意识、量感、空间观念、几何直观 |
| | 三角形和梯形的面积（二） | 三角形和梯形的面积计算公式是什么？ | 1. 你能推导出三角形的面积公式吗？<br>2. 你能推导出梯形的面积公式吗？<br>3. 哪个公式适用所有图形的面积计算？ | 推理、归纳、建构 | 推理意识、量感、空间观念、模型意识 |
| | 组合图形的面积 | 如何计算组合图形的面积？ | 1. 如何计算校园绿地的面积？<br>2. 用这个算式能计算出所给的涂色部分的面积吗？<br>3. 组合图形面积的推导方法和学过的平面图形的推导方法一样吗？ | 分割、移补、等积变形、转化 | 推理意识、量感、几何直观、应用意识 |
| | 叶子的能量（不规则图形的面积） | 一片绿萝墙一天可以释放多少氧气？ | 1. 如何计算一片绿萝叶的面积？<br>2. 一盆绿萝有几片叶子？<br>3. 一片绿萝墙一天可以释放多少氧气？ | 数方格、转化、估算、问题解决 | |

| 内 容 | 课 题 | 核心问题 | 大问题 | 学生活动 | 核心素养 |
|---|---|---|---|---|---|
| 多边形的面积 | 整理和复习 | 哪个公式适用所有图形的面积计算? | 1. 用你喜欢的方式对单元知识进行整理。<br>2. 哪个公式适用所有图形的面积计算?<br>3. 你能把一个梯形的面积分成三等份吗? | 梳理、建构、问题解决 | 应用意识 |
| | 绿化校园在行动——校园绿地面积的测量 | 校园绿地面积符合标准吗? | 1. 如何进行校园绿地面积的测量?<br>2. 校园绿地面积符合标准吗?<br>3. 你在本次活动中收获了什么?哪个活动环节还需要优化? | 规划、实践、汇报、反思 | 应用意识、创新意识 |

# 第二章 · 教：儿童本位精准教

儿童是课堂教学研究的起点和归宿。基于"儿童本位"的小学数学教学，是顺应儿童的自然本性与成长节律，在多向交流与互动中开发儿童、引领儿童、发展儿童。基于"儿童本位"，教师才能更加精准地教学，从大单元的视角，对单元学习的内容进行整体规划和结构化设计，通过架知识结构、抓数学本质、跨学科学习等途径，引导学生主动对接经验，关联不同知识，融会贯通，并在解决实际问题的过程中实现知识的整体理解、经验的整体生长和素养的整体提升。

## 第一节　架知识结构

《义务教育课程方案（2022年版）》明确提出：探索大单元教学，促进学生举一反三、融会贯通，加强知识间的内在关联，促进知识结构化。

基于大概念、大问题、大情境的大单元教学，目的是促进知识结构化，发展学生的核心素养。

### 一、理解知识结构化

《课标2022》强调，课程内容组织的重点是对内容进行结构化整合，探索发展学生核心素养的路径。这是本次课程修订的重要理念。义务教育阶段数学课程的结构化特征，在内容设计上体现了整体性、一致性和阶段性。为什么要对内容进行结构化整合？内容结构化有什么意义？东北师范大学马云鹏教授认为，数学课程内容的知识结构化体现了三方面的意义。

（1）有助于更好地理解和掌握学科的基本原理。

布鲁纳认为："简单地说，学习结构就是学习事物是怎样相互关联的。"学习内容的关联是通过学科的大概念实现的。在结构化的内容体系中，知识之间不是孤立的、互不相干的，学科知识之间是相互关联的，打通知识之间关节的钥匙就是学科的基本原理。布鲁纳强调教学要注重基本观念的运用，认为"一门课程在它的教学过程中，应反复地回到这些基本观念，以这些观念为基础，直至学生掌握了与这些观念相适应的完全形式的体系为止"。学科结构化的目的是使学习者了解所学内容的关联，而不是对个别知识的掌握。学习者从内容的关联中体会其中的大概念，并将这些大概念在其后的学习中反复运用和强化。比如，"数与运算"中"数的意义与表达""相等""运算律"等是大概念，这些大概念是学习相关内容的关键，在学习具体内容时，学习者将不断地回到这些大概念，从而在整体上理解并掌握相关内容。

（2）有助于实现知识与方法的迁移。

大概念可以把主题内零散的内容联系起来，促进知识与方法的迁移。早在20世纪90年代，北京特级教师马芯兰老师就以结构化的思想梳理了小学数学的核心概念，并以核心概念为线索，"由十几个最基本的概念为知识的核心，把小学中的主要数学知识联系了起来。'和'这个概念则是知识的核心的核心。在学生学习'10以内数的认识'时就开始以渗透的手段逐步建立'和'的概念，通过渗透'和'的概念学习'10以内数的认识''加、减计算''理解加减关系''加减求未知数''简单应用题的结构'"。马芯兰老师通过数学内容的结构化，以核心概念为线索建构学习内容体系，对"数与代数"领域中540多个概念之间的从属关系进行了深入研究，将起决定作用的十几个核心概念提炼出来，形成了一个完整的知识结构体系。用较少的时间使学生理解核心概念，可提高小学数学教学质量和效率，通过知识与方法的迁移实现小学数学教学减负增效。

（3）有助于准确把握核心概念的进阶。

以核心概念为主线的结构化学习主题，有助于课程实施者从学习进阶的视角整体理解学生不同阶段的学习内容，明确每一个阶段完成的学习任务所达成相关核心概念的阶段性水平。以"数与运算"主题为例，"数的意义与表示"可以看作一个大概念，其核心要义是如何从数量抽象为数，如何将数用符号表达出来。在义务教育阶段，学生学习有关数的内容时都要与这个概念建立关联。第一学段认识 20 以内的数、百以内的数、万以内的数；第二学段认识十进制计数法，初步认识分数和小数；第三学段认识分数和小数的意义、自然数的性质（奇数与偶数、质数与合数）；第四学段认识有理数。每一个阶段虽然认识的数不同，但其学科本质都指向核心概念"数的意义与表示"，都是用抽象的符号和计数单位表达数。课程内容的结构化为实现教学方式的变革提供了可能。

## 二、架构知识结构图

开展大单元教学前，教师需要对所学习单元的知识体系想清楚、弄明白。首先，要明白学习本单元知识前学生已经学习过的知识储备和可迁移的数学思想方法。其次，分析本单元学习内容的大概念、本单元学习的核心内容，以及明白学习本单元知识为后续学习奠定了什么基础。最后，重点架构出单元知识结构图，指导大单元教学思路，有效促进知识的结构化，发展学生的核心素养。

例如，人教版五年级上册"小数除法"单元教学，学习内容纵向分析见下表。

| 项 目 | 具体内容 | 大概念 | 核心内容 |
|---|---|---|---|
| 已学内容 | 1. 整数除法、运算律（四上）<br>2. 小数的意义（四下）<br>3. 小数乘法（四下） | 计数单位累减、数的意义与表达、计数单位累加 | 两位数乘法、运算律、小数的意义 |
| 本单元内容 | 1. 除数是整数的小数除法<br>2. 一个数除以小数<br>3. 商的近似数<br>4. 循环小数<br>5. 用计算器探索规律<br>6. 根据实际情况取商的近似值 | 计数单位累减、数的意义与表达 | 整数除以整数 |
| 后续内容 | 分数除法（六上） | 计数单位累减 | 分数除以整数 |

　　基于"小数除法"单元的知识内容及内在联系，我从知识结构、本质道理和素养目标，构架出单元知识结构（见下图）。

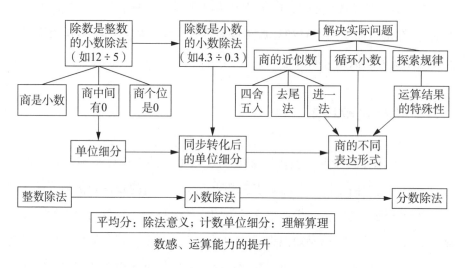

　　"小数除法"单元属于"数与代数"领域中的"数与运算"主题，主要内容是小数除法的计算方法。

　　从单元知识结构图中可以看出，教材内容分为两大部分：第一部分是小数除法的计算，包括除数是整数的小数除法和一个数除以小数，让学生掌握小数除法的算法和算理，领会小数除法是"计数单位累减"的大概念；第二部分是小数除法的应用，包括商的近似数、循环小数、用计算器探索规律等。从知识结构化角度看，第一部分小数除法的计算是本单元的重点。哪个例题应作为教学的关键呢？教材中以小数除以整数为起点，这与整数除法的关联性不大。如果改为整数除以整数为起点，比如5个小朋友买彩色纸花12元，以AA制分摊，每人要分摊多少钱？$12 \div 5 = 2 \cdots\cdots 2$，这是学生之前学过的有余数的除法，余数的2元又要怎样分摊呢？学生想到把2元换成20角，$20 \div 5 = 4$，这时的4表示4角，用小数表示就是0.4元，得出每人分摊2.4元。整个学习过程是基于学生的知识经验和生活经验进行的。通过这个学习过程的梳理，学生发现2.4元是除法计算中计数单位细分的结果，这就是整数除以整数商是小数的学习过程，体现了知识的结构和方法的迁移。在整数除以整数商是小数的基础上，再学习小数除以整数和小数除以小数，在递进学习中理解小数除法的算理和算法，明白小数除法是"计数单位累减"的过程。

单元学习内容的第二部分包括"商的近似数""循环小数""用计算器探索规律"。这部分知识虽然不是该单元的重点，但与小数除法的计算有关，可以看作小数除法的应用，是用小数除法的方法解决实际问题时，要根据实际情况取商的近似值，其本质是问题解决和数的表达。循环小数在本质上是数的认识的扩展。将循环小数安排在小数除法单元呈现，是为了解决类似$1 \div 3$这样的问题时出现的循环小数，其重点不是除法的问题，而是数的表示的拓展，是如何表达循环小数和循环小数在具体情境中怎样取舍的问题，其大概念是"数的意义与表达"。

实际教学中，在对内容进行纵向整体分析时还要了解前后单元的相关内容。从上页表中可以看到，四年级与小数除法相关的内容有整数除法、运算律和小数的意义等，六年级会进一步学习分数除法，与整数除法和小数除法的算理相关。数的运算的重点在于理解算理、掌握算法，与算理直接相关的核心概念是"计数单位的累减"，这个大概念在四年级和五年级都会在不同的运算单元中重复出现。从这个意义上讲，这些相关内容在学科本质上具有一致性（关于"数的运算"的一致性已在第一章中详细描述）。教学中将能够突出地体现大概念一致性的内容作为关键内容组织教学，有助于实现知识和方法的迁移，使这些内容在整体上形成一个"大单元"。

由此可见，内容结构化有助于从整体上把握内容的关联，清晰地梳理数的运算内容的线索，以及不同阶段"数与运算"主题之间的联系。

# 三、结构化大单元教学案例

## 人教版四年级下册《三角形的整理与复习》

（执教者：厦门海沧延奎实验小学　胡妙玲）

### 一、教学目标

1. 通过复习梳理，从无序到有序，从散点到建构知识体系，形成结构化的知识网络。

2. 以三角形的分类串联边、角的联系，通过三角形一个顶点的移动改变三角形的形状，培养学生的几何直观、空间观念。

3. 通过复习应用，培养学生综合运用知识的能力，体验成功，增强学好数学的信心。

### 二、教学重难点

教学重点：通过对三角形一个顶点的位置变化的不断猜想，建构三角形的知识体系，发展空间观念。

教学难点：完善认知结构，提升自主整理能力。

### 三、课前三个问题

1. 复习课如何上出新意，培养学生的探究欲望？

2. 三角形单元的知识点比较琐碎，如何设计一个大的情境串联所有知识点？

3. 如何提升学生的复习梳理能力、思维能力？

## 四、教学过程

### （一）谈话导入

师：孩子们，经过一个学期的学习，我们的数学学习已经进入复习阶段，今天老师要和大家一起进行"三角形"这一单元的整理与复习，大家做好准备了吗？

### （二）复习整理

问题：你是怎样复习整理"三角形"这一单元知识的？

1. 小组互学。

（1）组内交流，说说自己是怎样进行复习整理的。

（2）发挥小组的力量，将这一单元的内容补充完整，准备全班分享。

2. 全班共学。

师：哪个小组愿意上台汇报分享？（请一位同学来配合，汇报者说到哪个知识点，配合的人就把板贴贴上去。）

学生台上汇报：请大家看过来，我是……整理的（根据书本顺序等）。我们小组在我的基础上补充了……（用不同颜色的笔标注）。

师：还有没有需要补充的地方？

学生台下补充：我觉得你们小组……做得好。我要补充的是……

### （三）自主建构

1. 梳理建构。

师：孩子们很棒，把这个单元的知识都梳理出来了，但是看起来还比较零乱，我们要怎样来整理一下呢？大家看一下，这个内容（指三边关系）主要研究三角形的什么？（学生答"边"。）这个内容（指内角和）主要研究三角形的什么？（学生答"角"。）那么，我们能不能从三角形的边和角的角度整理一下这个单元的知识呢？

问题：这些内容哪些是研究边，哪些是研究角？

请一名学生上台分类整理。

2. 关联盘活。

活动一：方格图上有点 $B$ 和点 $C$，如果再来一个点 $A$，想象一下点 $A$ 在哪个位置，三条线段能围成三角形？（见图1）

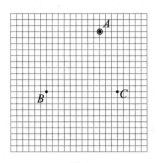

图1

学生在想象和实践中发现，点 $A$ 不在直线 $BC$ 上，三条线段都可以围成三角形。

活动二：点 $A$ 在什么位置，三条线段能围成直角三角形？

学生在猜想、验证中发现，点 $A$ 在以 $BC$ 为直径的圆上，以及与线段 $BC$ 垂直且过点 $B$ 或点 $C$ 的直线，三条线段可以围成直角三角形（见图2）。

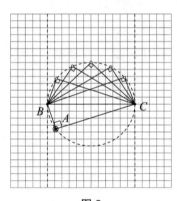

图2

活动三：点 $A$ 在什么位置，三条线段能围成锐角三角形和钝角三角形？

学生在猜想、验证中发现：点 $A$ 在以 $BC$ 为直径的圆内，以及过点 $B$ 的直线左边、过点 $C$ 的直线右边，三条线段可以围成钝角三角形；点 $A$ 在以 $BC$ 为直径的圆外，且在过 $B$ 的直线和过点 $C$ 的直线之间，三条线段可以围成锐角三角形。

思考：刚才操作点 $A$，所围成的三角形有无数个，如果按角分，分为几类？（锐角三角形、直角三角形、钝角三角形）

活动四：如果按边分，三角形可分为哪几类？

师：请一位同学来说一说，这几类三角形分别在哪里？

学生在猜想、验证中发现：点 $A$ 在线段 $BC$ 的对称轴上，围成的三角形是等腰三角形，其中还有等边三角形；点 $A$ 在线段 $BC$ 对称轴以外，全是不等腰三角形。

可见，三角形按边分，可分为不等腰三角形和等腰三角形（等边三角形是特殊的等腰三角形）。

师：以上实践操作，让我们更加清楚地理解三角形按角分、按边分的结果。

**问题**：随着点 $A$ 的移动，三角形什么变了，什么没变？

生：三角形的形状、大小、角度变了，三角形的三边关系、内角和、稳定性没有变。

师：（小结）三角形的"边"和"角"变了，三边关系、内角和、稳定性没有变。（板书：变与不变）

**（四）拓展应用**

1. 一个等腰三角形的周长为 20 米，其中一条边长 6 米，求另外两条边的长。

学生出现了两种答案：

（20-6）÷2＝7（米）　　　20-6×2＝8（米）

思考：为什么会出现两种答案？（边长 6 米可以为底，也可以为腰。）

教师趁机提出课后思考：按照这样的思路，图 1 中以线段 $BC$ 为腰，点 $A$ 在什么位置也可以围成等腰三角形？它是否也存在轨迹？

2. 求图 3 中∠1 的度数。

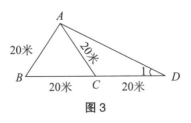

图3

3. 将一根长 18 厘米的铁线围成三角形，它的三条边可能是多少厘米？（取

整厘米数）

**（五）全课总结**

师：这节课上，你对三角形有哪些进一步的认识？今天我们通过"边"和"角"把这一单元的知识点串成知识网络。可见，我们研究平面图形一般都是从边和角来进行研究的。

## 五、反思

本课有效地突破梳理加练习的复习课模式，通过移动三角形的一个点，直观展现了三角形按边分和按角分的所有图形，弥补了教材中使用的不完全归纳法带来的不足，让学生充分经历完全的归纳过程，深刻理解了三角形边和角的本质，也凸显了平面图形一般都是从边和角来进行研究的大概念。整个过程，学生经历从无序到有序，从点状到成片，从"这一个"到"这一类"，建构起三角形的知识体系，形成知识网络。在"拓展应用"中，把知识和应用结合得更加紧密，力求知行合一、学以致用。

# 第二节　抓数学本质

《课标2022》除了强调"核心素养"，还有一个重要变化，即从"数学实质"到"数学本质"用词的调整，凸显了对"数学本质"的强调。

## 一、理解数学本质

不同专家对数学本质持有不同的观点，不同教师对教材中教学内容的数学本质也有不同的理解。只有深入理解数学本质，才能更好地抓住数学本质，开展有效的教学活动。

### 1. 哲学家和数学家的观点

数学的本质是一个数学认识论问题，不同时代的哲学家和数学家都从认识论角度提出自己的理论和观点。

中国社会科学院哲学研究所的林夏水教授发现：数学哲学史上最早探讨数学本质的是古希腊哲学家柏拉图。他在《理想国》中提出认识的四个阶段，认为数学是处于从感性认识过渡到理性认识的一个阶梯，是一种理智认识。这是柏拉图对数学知识在认识论中的定位，第一次触及数学的本质问题。17世纪英国经验论哲学家约翰·洛克在批判笛卡尔的"天赋观念"时建立了他的唯物主义经验论，阐述了数学经验论观点。他强调数学知识来源于经验，但又认为属于论证知识的数学不如直觉知识清楚和可靠。德国哲学家兼数学家戈特弗里德·威廉·莱布尼茨在建立唯理论哲学时，阐述了唯理论的数学哲学观。他认为：全部算术和全部几何学都是天赋的；数学只要依靠矛盾原则就可以证明全部算术和几何学；数学是属于推理真理。他否认了数学知识具有经验性。德国哲学家伊曼努尔·康德为了克服唯理论与经验论的片面性，运用先验论哲学，从判断的分类入手，论述了数学是"先天综合判断"。由于这一观点带有先验性和调和性，所以它并没有解决数学知识的经验性与演绎性的辩证关系。康德以后，数学发展进入一个新时期，它的一个重要特点是公理化倾向。这一趋势使大多数数学家形成一种认识：数学是一门演绎的科学。这种观点的典型代表是数学基础学派中的逻辑主义和形式主义。前者把数学归为逻辑，后者把数学看作符号游戏。1931年，哥德尔不完全性定理表明了公理系统的局限性和数学演绎论的片面性。这使得一些数学家开始怀疑"数学是一门演绎科学"的观点，提出：数学是一门有经验根据的科学，但它并不排斥演绎法。这引起一场来自数学家的有关数学本质的讨论。伊姆雷·拉卡托斯为了避免数学演绎论与经验论的片面性，从分析数学理论的结构入手，提出数学是一门拟经验科学。他指出，作为一个整体，按欧几里得方式重组数学看来是不可能的，至少最有意义的数学理论像自然科学理论一样是拟经验的。尽管拉卡托斯为封闭的欧几里得系统打开了第一个缺口，但是，拟经验论实际上是半经验论，并没有真正解决数学性质问题，因而数学家对它以及数学哲学史上有关数学本质的概括并不满意。1973年，数理逻辑学家A·罗宾逊说："就应用辩证法来仔细分析数学或某一种数学理论（如微积分）而言，在我所读的从黑格尔开始的这方面的著作中，还没有发现经得起认真批判的东西。"

林夏水教授综合以上观点提出，既然"演算"概括了数学研究的特点，反映了数学的经验性与演绎性及其辩证关系，我们就有理由把它作为对数学本（性）质的概括，说"数学是一门演算的科学"。

### 2. 课程标准的阐述

福建师范大学教师教育学院程明喜教授、江苏理工学院数理学院王宽明教授对《义务教育数学课程标准（2011 年版）》与《课标 2022》进行比较，发现《课标 2022》总计出现数学本质 13 次，具体是："数学（的）本质"4次，"学科本质"1 次，其他如"数学内容的本质""问题的本质""数的概念本质""数的运算本质""负数的本质""几何学的本质""测量的本质""数据分类本质"共 8 次。

《课标 2022》中 13 次有关数学本质的表述，可以分为三个维度：（1）宏观维度，概述数学学科本质，领悟数学是研究数量关系与空间形式的科学。比如，数学源于对现实世界的抽象，通过对数量和数量关系、图形和图形关系的抽象，得到数学的研究对象及其关系；基于抽象结构，通过对研究对象的符号运算、形式推理、模型建构等，形成数学的结论和方法。（2）中观维度，感悟数学思想方法，会用数学的眼光观察现实世界（抽象），会用数学的思维思考现实世界（推理），会用数学的语言表达现实世界（模型）。比如，能够抽象出数学的研究对象及其属性，形成概念、关系与结构等，如抽象、分类思想；通过数学思维，揭示客观事物的本质属性，建立数学对象之间、数学与现实世界之间的逻辑联系等，如推理、转化思想；通过数学语言，可以简约、精确地描述自然现象、科学情境和日常生活中的数量关系与空间形式等，建构数学模型，表达和解决问题等，如模型思想、数据意识等。（3）微观维度，把握数学知识本质。比如，数的概念在本质上是对数量的抽象，数的运算本质是对计数单位的累加或累减，长度、面积、体积的本质是相应度量单位的累加，长方形、正方形、三角形、平行四边形、梯形的本质都是研究边和角，数据分类的本质是根据信息对事物进行分类……

厘清这三个维度的数学本质，有助于教师整体把握数学课程、解读教材、设计教学、评价学生学习，对数学教学具有十分重要的指导意义。

## 二、回归数学本质

数学是研究客观世界数量关系和空间形式的科学，其学科本质是让学生理解数学概念，把握数学思想，感悟数学思维，追求数学精神。数学教学就是要让学生发展"三会"，掌握"四基"，形成"四能"，养成良好的学习习惯，形成质疑问难、自我反思和勇于探索的精神。然而，当下的一些数学课堂，教师缺乏对数学本质的理解，导致课堂浅层教学，以增加学生负担的强化练习、无针对性练习代替学习。这不仅不能让学生学会，还会让学生渐渐丧失学习数学的兴趣，如此恶性循环，也拖垮了教师的职业自信与幸福。因此，教师要深知数学学科本质，回归数学本质教学，让学生在学习中明理、思哲、求真，实现核心素养的发展。

### 1. 讲清数学道理

福建省普通教育教学研究室教研员罗鸣亮提出了"讲道理"的教学主张，倡导做一个讲道理的老师。《课标2022》提出，要"初步养成讲道理、有条理的思维品质，逐步形成理性精神"。数学本质也就是要讲清数学道理，让学生知其然，更知其所以然。抽象是数学的特性，小学阶段的很多概念学习，要通过相应的问题情境或生活素材，让学生在真实感受中不断体验，进而抽象出概念。

比如，0为什么是自然数？张奠宙教授认为：这只是习惯问题。0是自然数有许多理由。首先，人的经验是从无到有。我们常说"从零开始""零距离接触"，就表明0是最小的自然数。魔术师总是先展示自己两手空空，再变出一只兔子，然后是两只兔子……铅笔盒中本来是空的，然后装进一支铅笔、两支铅笔……老子的《道德经》里说："道生一，一生二，二生三，三生万物。"可见，"一"是由"道"——一种虚无的存在而产生的。其次，书写的需要（更重要）。10的记数写法是10，没有0，就写不出10、20、30、100。所以0，1，2，…，9这10个数字是最基本的。最后，0的出现可以保证自然数集有单位元$a+0=0+a=a$。在自然数中，5−5＝0，如果0不是自然数，那么5−5岂不是不能减了？

再如，怎样明确分数的意义呢？很多教材是这样定义分数的：把单位"1"平均分为若干份，这样的一份或几份都可以用分数来表示，表示其中一份的数叫作分数单位。这样用份数的定义来引入分数感觉是非常自然的，但体现分数的本质了吗？张奠宙教授认为：这样说还没有体现引进分数的本质，分数是一个不同于自然数的新数。份数定义还停留在"几份"的思考上，没有超出自然数的范围。1份、3份，这是分数还是自然数？因此必须尽快过渡到分数的"商"定义，即分数是正整数$a$除以正整数$b$的商，记为$\frac{a}{b}$。$a$除以$b$，当除得尽时（整除），答案就是"老朋友"——自然数；当除不尽时，这时得到的商就是我们要结识的"新朋友"——分数。这也体现了教材中所描述的分数的产生："在进行测量、分物或计算时，往往不能正好得到整数的结果，这时常用分数来表示。"比如$\frac{1}{4}$，它是一个整体平均分为4份中的一份。但是，这一份究竟有多大呢？1除以4的商是多大呢？它一定比1小，却又比0大。我们可以在数射线上标出它的位置：它在0和1之间，中间这一点表示一半，就是$\frac{1}{2}$；在$\frac{1}{2}$和0之间再分一半，那个位置就是$\frac{1}{4}$。这样一画，分数是"新朋友"的特性就显现出来了。原来的自然数离散地分布在数射线上，现在的分数也密密麻麻地出现在射线上。商的分数的定义比份数的定义要深入一步，体现了引进分数的必要性。基于这样的分数本质教学，学生理解分数与除法的关系就更加顺畅了。如1÷4，直观图上可以看出是 1 的 $\frac{1}{4}$，也就是 1 个 $\frac{1}{4}$，所以 $1 \div 4 = \frac{1}{4}$。面对 $3 \div 4 = ?$，通过画图能直观看出是 3 的 $\frac{1}{4}$，也就是 3 个 $\frac{1}{4}$，为 $\frac{3}{4}$。迁移发现，$7 \div 9$ 是 7 个 $\frac{1}{9}$，为 $\frac{7}{9}$。从不同的例子发现、总结出分数与除法的关系，这样的教学，能让学生感受到"分数"的本质——数的概念的本质是计数单位的累加，分数就是几个几分之一的累加。

又如，教学笔算除法时，学生之前学习的笔算加法、减法和乘法，都是从低位算起，为什么笔算除法一般要从高位算起？如何让学生明白其中的道理呢？可以借助微课《为什么笔算除法一般从高位算起》介绍："笔算除法要从高位算起，咱们能否也从低位算起？以今天学习的 $52 \div 2$ 为例，假设从第一位算起，我们先用个位的 2 除以 2 等于 1，再用十位上的 5 个十除以 2，商为 2 个十，还剩 1 个十，接着再用这 1 个十除以 2 得 5。如此一来，我们也可以得到 $52 \div 2 = 26$。看来笔算除法从第一位除起也是可以的，那么为什么我们不选择从第一位除起呢？我们再来看一看从高位除起的情况。先用十位上的 5 个十除以 2 得 2 个十，还剩 1 个十，连同个位的 1 个 2，合在一起变成 12，再用 12 除以 2 等于 6。如此一来，步骤就变得简单了。对比一下这两种方法：从低位数起，我们进行了三次除的运算，最后再将除的结果加起来，而从高位算起，我们只进行了两次除的运算，因此除法竖式并不是不能从低位算起，只是如此一来会让原本简单的过程复杂化。那么，对于我们以后要学习的三位数除以一位数、四位数除以一位数，相同的过程会更加复杂。如 $328 \div 2$，从低位算起，先用个位的 8 除以 2 得 4，再将十位的 2 落下来，2 个十除以 2 得 1 个十，再用百位上的 3 除以 2，商 1 个百，还剩 1 个百，也就是 10 个十，接着再用这 10 个十除以 2，商 5 个十。如此一来，我们也能算出 $328 \div 2 = 164$。但是请仔细观察一下，这个过程相对来说是比较复杂的。我们再来看一种情况，如 $41 \div 3$，假设从低位算起，我们先用个位上的 1 除以 3，不够除，还得回到高位，从高位算起。通过以上几个例子可以看到，笔算除法从低位除起，有时过程比较复杂，有时无法得到结果，所以笔算除法通常从高位算起。"经过这样的举例介绍，学生就会更加明白笔算除法的算法和算理，也理解了除法运算是计数单位累减的本质道理。

又如，教学《平行四边形的面积》时，学生受负迁移的影响，因为长方形的面积 = 长 × 宽，猜想平行四边形的面积 = 底 × 邻边。如何设计教学过程让学生发现这个猜想是错误的呢？可以让学生演示拉动平行四边形的活动框架。活动框架往下压，面积越来越小，底边和邻边大小没有变；反之，活动框架往上拉，面积越来越大，底边和邻边大小也没有变。这就说明"底 × 邻边"的猜想是错误的，一下子把学生带出思维的误区。在学生操作、观察的基础上，再一次拉动活动框架，发现平行四边形变高或变矮，其实是高在变化，让学生进一步提出"平行四边形的面积 = 底 × 高"的猜想。再通过"数方格"和"剪拼"的活动过程，推导出"平行四边形的面积 = 底 × 高"的结论，从而理解平行四边形面积的本质是相应度量单位的累加。

### 2. 贯通数学体系

数学本质通常体现在数学知识的内在关系之中，凸显数学知识内容之间的关联体系。要贯通数学体系，就要深化学生对数学知识本质的认识，还需从逻辑关系的角度进一步强化，将其纳入认知结构中。从本质的角度看，要找出知识与知识之间的联系与区别，梳理数学知识逻辑关系。具体来说，对于性质与定理等数学知识，需要分析它与前后知识之间的演绎逻辑关系；对于数学概念，则要考虑它与前后知识之间的强弱抽象关系，或与相邻知识之间的区别，以此加深学生对数学知识本质的理解。

数学教学内容中的知识环环相扣、有机发展，数学本质通常寓于数学知识的结构体系之中，不仅有横向的联系，而且有纵向的关联。只有从知识体系的整体架构上开展教学活动，才能准确把握其数学本质。

比如，计量单位之间的内在联系。小学阶段要学习九大类计量单位。从横向看，人民币单位、长度单位、面积单位、体积单位、容积单位、时间单位、质量单位、角的单位、温度单位分别属于不同领域、不同类别，但都有因需而生、固定标准、累加测量等共性；从纵向看，在每一类计量单位内部，不同的计量单位之间也有一定的联系。以长度单位为例，不论哪个版本的教材，都会分课时安排"认识毫米""认识厘米""认识分米""认识米""认识千米"等内容。基于此，计量单位的教学应从整体上予以考虑，采用结构化思想进行教学设计，让学生每学完一个计量单位，都要及时与之前学过的同类别计量单位进行纵向联系，同时还要将所学新知跟其他类别的计量单位作横向比较，学会从整体上认识计量单位，形成相对完整的知识体系（如下图）。只有知识间的联系得到有效梳理，学生对知识的理解才能更加深刻。

                       公亩　　　　公倾　　　平方千米

**面积单位：**　　平方厘米←平方分米←平方米→（10米）$^2$→（100米）$^2$→（1000米）$^2$

                            ↑

**长度单位：** 毫米← 厘米 ← 分米 ← ⓧ米 → 十米 → 百米 → 千米

                            ↓

**体积单位：**　　立方厘米←立方分米←立方米→ ……

            （1立方厘米　（1立方分米
            　纯水）　　　纯水）

              ‖　　　　　　‖

**容积单位：**　　1毫升　　　　1升

再如，平面图形面积计算的内在联系。"多边形的面积"单元包含平行四边形的面积、三角形的面积和梯形的面积等内容。在此之前，学生学习过长方形的面积和正方形的面积。如何把这些平面图形的面积计算方法形成一个结构化的知识体系呢？在单元整理与复习中，让学生回忆梳理各图形面积的计算方法，思考哪个图形的面积计算公式是这些图形面积的统一计算公式。学生在自主探究中发现，可以将梯形面积计算公式应用到这些平面图形的面积计算上。统一平面图形的面积计算方法，体现了平面图形之间相互转化的内在关系，便形成了知识体系（见下图）。

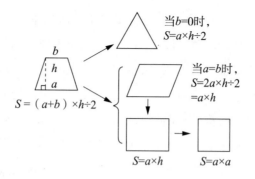

当$b=0$时，
$S=a×h÷2$

当$a=b$时，
$S=2a×h÷2$
$=a×h$

$S=（a+b）×h÷2$

$S=a×h$

$S=a×a$

又如，立体图形体积计算的内在关系。学习"圆柱与圆锥"单元后，长方体、正方体、圆柱的体积都可以用底面积乘高表示，即 $V=Sh$。那么，生活中的直三棱柱、直五棱柱、直六棱柱、半圆柱体等立体图形的体积如何计算（见下图）？学生在直观演示中，通过类比推理，得出直柱体的体积就是底面积的累加，底面积累加的个数就是直柱体的高度，所以都可以用 $V=Sh$ 来表示。这样的知识联系，有效形成了直柱体体积的统一公式 $V=Sh$。通过这样的计算方法的迁移、推理，学生建立了立体图形之间的关系，形成了立体图形的知识结构。

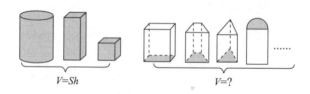

$V=Sh$

$V=?$

### 3. 渗透数学思想

挖掘数学思想是对数学事实和数学理论的本质性概括，是数学知识的灵魂，也是解决问题的根本方法。虽然小学数学知识相对简单，但也蕴含着许多深刻的数学思想，如抽象思想、推理思想、模型思想，以及由这三类基本思想派生出来的分类思想、数形结合思想、化归思想、极限思想、方程思想、函数思想等。这些思想在教材中有的是一目了然直接呈现，有的却是隐藏其中，需要师生深入挖掘才能体会。

比如，"鸡兔同笼"问题。数学承载着思想和文化，是人类文明的重要组成部分。"鸡兔同笼"问题是我国古代数学名著《孙子算经》中记载的一道数学趣题，承载着传播中华优秀传统文化的作用，是学科育人的好素材。"鸡兔同笼"问题从明线上看是体现"数形结合思想"，很多学生用自己喜欢的画图和列表，采用数形结合的方式进行表征，结合数形用假设等方法解决。除了明线的"数形结合思想"，该问题还隐藏着暗线的"函数思想"。观察学生用来解决问题的画图和表格，能否发现"头数"和"腿数"的变化规律？学生在独自探究和小组交流中发现：头数和腿数是两种变化的量，腿数随着头数的变化而变化，变化规律是：每增加 $x$ 只兔，减少 $x$ 只鸡，腿就增加 $2x$ 条，相反，腿会减少 $2x$ 条。虽然"鸡兔同笼"问题的教学对这些"变化的量""变化规律"并没有作具体要求，但适时、适度的函数思想渗透还是有必要的，对学生后续学习正、反比例知识会有一定的帮助。

再如，"沏茶"的优化问题。沏茶是通过"事件合理加叠"带来时间变化，渗透了"数形结合思想"和"优化思想"。"优化"的主题式学习，既要关注"策略"使用后存在的时间变化与规律发现，也要理解"优化"背后的结构归因与本质联系，更应该让学生感受到"变与不变""因何而变"的思辨。

教学"沏茶"问题时，教师应组织学生摆放及调整图片，形成如下图所示的流程图。

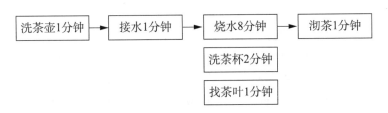

这样的教学是根据事件的时间，按照"事件合理加叠"带来的优化思想，渗透了"数形结合思想"。除了这样的直观数形结合，还可以引导学生用画线段图来理解优化策略，思路是：先找最长的事件时间，想最长的事件能同时做哪些事件，再加上不能同时做的事件，最后计算最长事件时间加上不能同时做的事件的时间，就是整个事件的最少时间（见下图）。

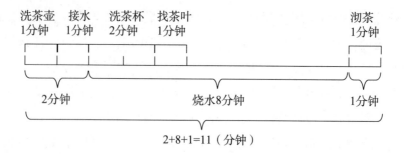

$$2+8+1=11（分钟）$$

学生会用画线段图解决"沏茶"问题，拓展性问题便可迎刃而解。如老师利用课后延时辅导三个学生，给甲同学讲解 4 分钟，练习 6 分钟；给乙同学讲解 3 分钟，练习 3 分钟；给丙同学讲解 5 分钟，练习 10 分钟。老师怎样安排辅导可以省时？至少需要多少分钟？解决问题时，要先找最长的时间，丙同学练习 10 分钟，因此要先辅导丙同学。老师先给丙同学讲解 5 分钟，在丙同学练习的 10 分钟时间里，又要考虑先辅导谁。由于甲同学练习时间（6 分钟）比乙同学练习时间（3 分钟）长，因此，第二个辅导的是甲同学，第三个辅导的是乙同学。基于这样的思考，学生便可以用下面的图形来表达。

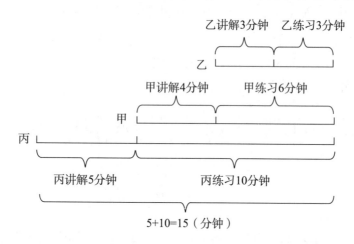

$$5+10=15（分钟）$$

通过数形结合分析，老师辅导的顺序是丙同学→甲同学→乙同学，最省时的时间是 5+10 = 15（分钟）。从考虑最长时间事件，到事件合理加叠，找到最优化策略，有效渗透"数形结合思想""优化思想"，提升学生解决实际问题的能力。

# 第三节　跨学科教学

《义务教育课程方案（2022年版）》指出：优化课程内容结构，设立跨学科主题学习活动，加强学科间相互关联，带动课程综合化实施，强化实践性要求。原则上，各门课程用不少于10%的课时设计跨学科主题学习。《课标2022》中的"综合与实践"领域内容变化大、篇幅变长，将一些数学知识融入其中，设立了跨学科主题学习活动，加强了学科间的相互关联。面对学习内容与学习方式的变化，不少教师感到迷茫：如何结合课标理念在"综合与实践"领域开展跨学科主题式的学习活动？怎样进行跨学科主题式的教学引导？在进行跨学科教学时，如何凸显数学学科本质？……本节我们一起探讨小学数学开展跨学科主题学习的教学策略。

## 一、跨学科教学价值

### 1.培养学生综合素质的需要

以核心素养为导向、实现育人方式根本转变是我国当前基础教育课程改革的重要特征。《义务教育课程方案（2022年版）》确立了"加强课程综合，注重关联"与"变革育人方式，突出实践"的基本原则，既强调课程综合，又倡导"做中学""用中学""创中学"。根据课程标准编制要求，各门课程用不少于10%的课时设计跨学科主题学习。跨学科主题学习是加强课程综合和课程协同育人的重要课程板块，是培养学生综合素质的重要载体。

### 2.培养学生"四能"的载体

培养跨学科核心素养，才能应对更为复杂的现实生活中的问题。跨学科主题学习是培养学生在真实情境中综合运用相关学科知识解决问题的能力，培养学生整体的世界观，促进完整的人的发展。

　　3. 带动课程综合化实施

　　跨学科主题学习有利于每门课程都综合性地培养学生核心素养，形成培养学生综合素质的整体氛围，加强学科间相互关联，强化实践性要求，带动课程综合化实施。

## 二、跨学科课程内涵

　　1. 什么是跨学科课程

　　南通大学教育科学学院张紫屏副教授认为：跨学科课程，即选择一个对学生有意义的现实问题或学科主题，将问题转化为探究主题，学生运用两种或两种以上学科的观念、知识与方法对主题展开持续探究，形成观念物化的产品，由此发展跨学科理解及核心素养。

　　2. 跨学科课程的类型

　　（1）多学科课程，是指围绕一个现实主题或学科主题，不同学科之间建立联系以联合探究，但保留学科各自的名称、边界、内容和方法体系，学科之间由此形成"若即若离"的关系。

　　（2）狭义的跨学科课程，是指围绕一个现实主题或学科主题，将一个学科的观念或方法迁移、应用到其他学科，由此生成新的学科观念、方法或产生新的学科，学科之间形成相互作用、跨界融合的关系。我国的课程标准编制所设计的"不少于10%课时"的"跨学科主题学习"，即属于此类课程。比如 STEM 课程，则是把科学、技术、工程、数学四门课程融为一体，形成新的学科逻辑，产生一门"新学科"。

　　（3）超学科课程，是指围绕一个现实世界主题，将各学科的观念、知识与方法融为一体，学科的边界和名称完全消失，学科之间形成水乳交融的有机关系。我国自一年级至十二年级开设的综合实践活动课程源自学生的现实生活世界，就是典型的超学科课程。

### 3. 跨学科学习的作用

在知识体系上，跨学科学习打破了"学科本位"下割裂的知识体系，超越课本与教室，将学生置于真实的社会情境之中，体现了对完整知识领域的复原，以及对复杂社会关系的保全。

在教学目的上，跨学科学习关注跨学科视野、横向思维、解决问题的能力、创新创造能力等综合素养，体现了人的完整发展、多方面发展的价值意蕴。

在教学内容上，跨学科学习既要考虑学科内容逻辑，又兼顾了学生的经验逻辑和生活逻辑，关注现实社会多元文化背景下的复杂问题，是对真实生活与个体经验的回归，重构了教育与社会实践的深刻联系。

在学习方式上，跨学科学习立足建构主义学习观，主张学生在真实情境下通过合作探究的方式去分析问题与解决问题，允许教学结果的开放性和未知性，强调学生积极主动地进行意义建构，进而提升自己的核心素养。

## 三、跨学科课程设计

《义务教育课程方案（2022年版）》确立了"加强课程综合，注重关联"的基本原则。其主要内涵包括三个方面：第一，就每一门课程而言，均须加强课程内容与学生经验、社会生活的联系，强化学科内知识整合；第二，优化道德与法治、科学、艺术等"学科群"综合课程设计，以及综合实践活动等"生活类"综合课程设计；第三，增设跨学科主题学习，开展跨学科主题教学，即围绕学生感兴趣的现实世界主题，以一门学科为主体，跨越其他学科，设计系列探究活动，帮助学生开展探究学习。

### 1. 跨学科主题学习的任务

"跨学科"包含学习内容和学习方式的跨学科。综合学习内容的跨学科，是基于问题解决需要，结合学生年龄特点和不同学科性质，合并、重构跨学科知识技能的结构，整合运用多种思想方法、探究方式和价值观念等，形成综合内容组织和学习活动单位，开发基于跨学科核心素养的大观念、大主题和大任务的主题学习内容。小学数学"综合与实践"领域的主题内容，源于实际情境和真实问题，强调与学生生活密切联系，与校园生活、家庭生活、自然环境、现实世界相联系，这是内容上的"跨学科"。综合学习方式的跨学科，是以学习任务为动机激发机制，转变老师讲、学生听的习惯性教学形态，探索任务型、项目化、主题式和问题解决等综合学习方式，更多地体现做中学、悟中学、用中学、创中学，在学习方式上落实育人方式改革。学生在解决问题时，既要调动数学的知识、思维和方法，又要根据问题解决的需要，灵活运用多门学科的知识、思维和方法，这是学习方式上的"跨学科"。

《课标2022》指出，小学阶段，"综合与实践"领域以跨学科主题学习为主，主要包括主题活动和项目学习等，采取主题式学习和项目式学习，达到不同学段的学业要求（见下表）。

| 领 域 | 内 容 | 学 段 | 特 征 | 学业要求 |
|---|---|---|---|---|
| 综合与实践 | 主题活动 | 第一、第二、第三学段 | 1. 主题式学习是学生围绕一个或多个已经"结构化"的数学知识主题进行学习，其自主构建性、综合性程度低于项目式学习。<br>2. 学生将面对现实的背景，从数学的角度发展并提出问题，综合运用数学和其他学科的知识与方法，分析并解决问题。 | 1. 融入数学知识学习的主题活动。（学科内容主题活动）<br>2. 运用数学知识及其他学科知识的主题活动。（跨学科主题活动） |
|  | 项目学习 | 第三学段 | 1. 项目式学习是一种动态的"建构性的学习"，强调以问题解决为导向，自主构建研究计划、实施计划并解决现实问题，得到项目产品。<br>2. 以解决问题为重点，综合应用数学和其他学科知识解决问题，体会数学知识的价值，以及数学与其他学科的关联。 |  |

## 2. 跨学科课程设计的思路

第一，跨学科课程在横向上可以对各学科进行整合。根据问题的复杂程度以及学科融合程度的不同，跨学科主题整合课程可分为学科内整合、多学科整合、跨学科整合和超学科整合课程等，贯通了学校的基础性课程、拓展性课程和研究性课程等类型。

第二，跨学科课程在纵向上也需要对各年级进行整合。跨学科课程总是缘起于现实中的真实问题。一个真实的问题出现时，往往具有全息性，不会指向具体的某个年级。因此，为了更好地解决问题，跨学科课程有时也需要根据学生的年龄特点和认知水平，系统考虑各个年级的不同任务。

## 3. 跨学科主题学习的流程

跨学科主题学习可以从主题设计开始，经过方案设计、活动实施，到评价反思，具体流程见下图。

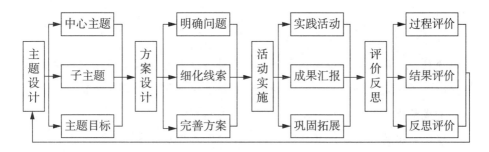

比如，《课标2022》对小学数学第一学段"欢乐购物街"的主题活动要求如下。

**内容要求**：在实际情境中认识人民币，能进行简单的单位换算，了解货币的意义，具有勤俭节约的意识，形成初步的金融素养。

**学业要求**：积极投入模拟购物活动，能清晰表达和交流信息，认识元、角、分，知道元、角、分之间的关系；会在真实或模拟的情境中合理使用人民币；在教师的指导下能够反思并述说购物的过程，积累使用货币的经验；

形成对货币多少的量感和初步的金融素养。

这个案例属于"融入数学知识学习的主题活动"的范畴，侧重于教师如何用好教材开展以数学知识为主的主题活动。课标更加注重让学生在真实情境中，即在生活购物或模拟购物的活动中体验和学习。

基于以上思考，"欢乐购物街"可以分解为"认识人民币""筹备购物街""购物进行时""货币小课堂"四个子主题。学生在四个子主题的学习活动中，认识并会使用人民币，体会货币单位的换算，加深对加减运算的理解，形成初步的量感。同时，四个子主题还能帮助学生感知货币的作用、商品与货币的关系，形成初步的金融素养。

再如，小学数学第三学段"水是生命之源"跨学科项目式学习设计如下。

**现实问题：** 我国是人口大国，淡水资源相对缺乏，节约用水应成为人们的共识。

**数学问题：** 制订节水方案。

**项目学习设计：** 了解淡水资源分布、储备情况；整理信息，提出项目学习要解决的问题；调查与研究，按照方案解决问题；制订节水方案。

**形成物化成果：** 节水方案；节水工具或设施。

**检验并完善成果：** 总结交流节水成效；完善节水方案。

# 四、跨学科教学案例

**主题活动案例**

## 数字编码

主题式学习是指在一个或者系列主题下，学生通过操作、探究、交流等具体活动，进行数学知识的学习或应用。下面以人教版三年级上册《数字编码》

一课为例，展现主题式学习的教学实践。

## 一、教材分析

教材呈现邮政编码、身份证号码、学号三项信息，这些信息对三年级学生来说既熟悉又陌生。比如，邮政编码现在用得少，学生对其比较陌生；身份证用的场合多，学生不仅熟悉，而且通过大人口授、网络查询等途径已经了解到不少身份证上的信息。当下的信息化时代"编码"随处可见，不仅有数字编码——数字与字母混合编码，还有图形编码，如条形码、二维码（含动态二维码）。可见，纯粹用教材上的素材开展综合与实践学习，已经不能满足生活中编码的需要，缺乏现实感。因此，教师应挖掘生活中的编码素材，将活动资源整合成主题式的学习内容，使综合与实践呈现数学知识学习、数学知识应用、跨学科知识融合，体现主题式学习的真实性、时代性和价值性。

## 二、设计思路

本综合与实践内容的"问题性"是什么？一个或一组数字，除了表示一个数值或序号，还可以表示什么？数字与字母可以编码吗？图形可以编码吗？如何编一个有意义的学号和编一个安全等级更高的密码？带着这些问题，教材中的课题"数字与编码"显然不能涵盖这些内容。为了体现"综合性"与"现实性"，教师应把学习内容设计为现实情境下的主题活动，以"'码'上行动"为主题，让学生在真实的问题情境中，综合运用所学的数学和其他学科知识与方法，发现、提出问题，设计解决问题的方案，探索解决问题的路径，实现问题解决的目标，感受数学学习的乐趣和价值。

## 三、活动过程

### （一）收集展示信息资源（寻"码"）

1. 课前收集信息。

师：同学们，我们每天都和数字打交道。其实，数字很奇妙，每个家庭、每个人都有数字的信息，请同学们向家长了解家庭信息及个人信息，并记录下来。

2. 课始展示信息。

师：小组内展示交流课前收集的信息，并把收集的信息分类，如身份证号码、电话号码、家庭门牌号、车牌号、邮政编码等，说出这些数字的秘密。

**（二）提出相应学习任务（说"码"）**

师：数字与我们的生活息息相关，在日常生活中随处可见，下图是老师出差购买的一张高铁票。这张车票上显示了哪些信息？这些信息可以分为哪几类？

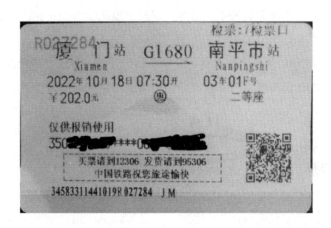

学生通过交流汇报，得出这些数字有的代表数值、序号、编码。比如"202.0元"是一个具体数值；"7检票口"的"7"代表第7个检票口，是个序号；身份证号、电话号码、列车编号、座位号等都是编码。

师生制订的"'码'上行动"研究方案如下图。

---

**"'码'上行动"研究方案**

一、准备研究高铁票上的哪些信息？

二、怎样研究这些信息？

1. 想一想，研究这些信息需要哪些素材资源？

2. 从哪些渠道可以得到这些资源？

三、制订方案，写出具体实施步骤，包括可能遇到的困难和解决的办法。

四、按照方案研究"码"。如果需要素材或查找信息，可以借助平板电脑查询，把研究的过程记录下来。

五、结论。（不同类型的编码隐含着什么秘密？）

---

**（三）开展合作交流学习（探"码"）**

分组合作学习研究身份证号码、电话号码、高铁车次编号及座位号。

小组汇报：

（1）身份证号码的含义：前6位数字分别代表户籍所在省、市、区县的编号；第7—14位数字是出生的年月日；第15—16位数字为所在地派出所编号；第17位数字代表性别，奇数代表男性，偶数代表女性；第18位数字为校验码。

（2）电话号码的含义：介绍固定电话号码、手机号码各部分数字的含义，了解特殊服务电话号码，如高铁票上的12306、95306，以及110、119、120等。

（3）高铁车次编号及座位号：G代表高速动车组列车，D代表普通动车组列车，C代表城际动车组列车。车票上的G1680表示这趟是高速动车组列车。二等座车座席一排有5位，一侧3位，一侧2位，以"A、B、C、D、F"代表；一等座车座席一排4位，左右侧各2位，以"A、C、D、F"代表；不管是一等座还是二等座，字母"A"和"F"的座位靠窗，字母"C"和"D"靠中间走道。高铁票上的"03车01F号"表示是第三车厢第一排F座位（靠窗）。

高铁票上还有哪些编码？如"34583311441019R02728"和"R027284"也是编码，这些编码都具有唯一性。有了编码，我们的个人信息就更加安全。

---

● **拓展研究** ●

数字与字母都可以编码，那么，图形可以编码吗？

高铁票上的二维码是编码吗？列举生活中见过的二维码、条形码。（商品售卖扫包装上的条形码，购物付款扫二维码，加微信好友扫二维码，地铁、公交车电子支付刷动态二维码等。）

有"码"的时代真便捷，编码的唯一性保证了我们个人信息安全，我们要保存、保护好个人的信息。

思考：编码用到了数学及其他学科的哪些知识？

---

**（四）应用综合实践成果（编"码"）**

师：请同学们应用研究的编码知识，自己编一个学号和一个高安全级别的密码，然后在小组内分享编码结果，并说说编码的意义。

在此项主题活动中，让学生开放性收集家庭、个人信息，为合作学习积累素材。以一张高铁票的现实素材引发探究性问题，通过方案设计、小组分工探究、汇报、编码等环节，让学生经历综合与实践的过程，感受现实生活与数学和其他学科知识的紧密联系，实现综合与实践育人的教育价值。

**项目学习案例**

## 营 养 午 餐

以数学学科领域为主的跨学科学习活动，是以个人探究和合作交流相结合来完成的跨学科式的问题解决，不仅强调学科间、知识间、思维间的关系，还要突出数学与生活、数学与其他学科的关联。因此，教师组织的跨学科项目学习，要以数学学科为引领，明晰教学主线，帮助学生学习理解数学与生活、数学与其他学科的关联，积累用跨学科的学习方式解决跨学科问题的经验，培养学生的学习能力、应用意识和创新意识。

### 一、有主线地融合，彰显学科主体地位

每个学科领域都有自身的核心概念，数学学科与其他学科相融合的教学，必定要以数学学科为主线，才能确保"大概念"统领的"核心问题"得以落地，实现学生核心素养与综合能力的整体提升。

以小学数学第三学段"综合与实践"领域中的"营养午餐"为例。"营养午餐"项目学习包含了"搭配、估算、统计"的数学知识和绘制"菜谱营养表"的科学知识，这体现了学习内容的跨学科性质。那么，"营养午餐"的教学主线是什么？其实就是如何把安排午餐这一现实问题转化为数学问题。这个数学问题包含的学习目标有：通过调查进一步理解条形统计图和百分数的意义；会用条形统计图、扇形统计图等知识整理调查结果，分析如何实现营养均衡；知道如何应用统计（百分数）等数学知识与科学、营养学等知识解决问题，积

累用调查、统计方法解决现实生活中不确定问题的经验。在解决数学问题的过程中，教师还要达成育人目标——在设计一周营养食谱和倡议健康饮食的活动中，促使学生形成健康生活的观念、合理设计规划的科学态度。解决问题的方式应是多样化的，如教师可以引导学生调用科学知识来判断饮食搭配是否科学营养，借助信息技术手段进行数据分析，应用美术学科所学的绘画技能绘制午餐食谱等。这里的"信息技术手段""科学知识""绘画技能"就是教学辅线，以其他学科为辅线推动主线，始终是为学生应用数学知识解决实际问题所服务。

从整体目标来看，"营养午餐"项目学习涉及第三学段的数学知识，可以以长程活动的方式进行，用 6 课时完成学习。其中第 1—2 课时完成"人体营养知多少"子课题，分别调查了解人体所需的营养物质和几种主要食品所含营养物质，计算相应的百分数，看懂相应的扇形统计图；第 3—4 课时完成"健康饮食大课堂"子课题，收集学校餐厅或自己家庭一周的午餐食谱，分析其中的营养成分，进行类似的统计分析，强调综合性与实践性，让学生走出课堂、走出校园，去探究日常饮食的全面营养均衡问题，凸显育人价值；第 5 课时完成"营养午餐巧搭配"子课题，综合所有数据，分析午餐营养与人体所需营养之间的关系，运用分类与统计知识，科学搭配营养午餐，感受均衡营养、合理膳食的重要性；第 6 课时完成"一周午餐善安排"子课题，安排两个小组合作任务：（1）记录最近一周学校餐厅的午餐食谱，对照科学膳食搭配表，计算这一周学校午餐的营养构成情况并绘制统计图，分析与交流后向学校餐厅提出建议；（2）设计一周营养午餐食谱，以海报等形式进行展示和交流。

## 二、有目的地融合，突出问题解决方法

学科融合不是为了跨学科而跨学科，也不是将多个知识进行随意拼凑。教师要充分利用各学科的优势，以丰富学生应用数学知识解决问题的载体与手段，让学科融合为解决同一个问题而着力。

比如，在"营养午餐巧搭配"子课题中，有的学生用已学过的"有序搭配"数学知识进行搭配，有的学生根据自己的喜好进行搭配，所以在初次搭配中，呈现的结果大多是非科学的，暴露出只应用数学知识并不能解决营养午餐

均衡的问题。这会促使学生迫切地想要进行二次搭配。二次搭配时，学生需要知道科学的膳食搭配表，了解只有同时满足热量和脂肪的要求，午餐才是科学、营养的。这就有了融入科学知识的必要性。又如，在"一周午餐善安排""健康饮食大课堂"子课题学习中，学生需要分析学校餐厅午餐搭配的合理性，需要根据大众生活习惯及不同体质人群营养需求设计食谱……在这些任务中，学生必然要面对"如何在点餐时便捷地计算热量和脂肪是否符合个人体质标准""如何快速地统计男生和女生喜欢的菜品搭配方案""如何高效地绘制复式条形统计图"等问题。在智能时代，这些问题都可以用信息技术来解决。如在设计一周营养午餐食谱小任务中，教师可参考电商点餐系统，请计算机教师开发一个点菜小程序，让学生在平板电脑上随意拖动菜式。当将菜式拖动到餐盘时，电脑会自动计算出热量和脂肪的具体数据。信息技术强大的编程自动计算、点击录入、自动累计、自动生成的功能，能够帮助学生解决菜式调配过程中要反复对照热量与脂肪表以及烦琐计算的问题，让学生在多次试验中精准统计数据，科学地完成任务，感受信息技术在解决数学问题中发挥的作用。不仅如此，还可以将信息技术应用在男生和女生最喜欢的菜式网络投票统计、现场制作复式条形统计图等多个方面，为学生完成小任务提供技术支持。

### 三、无界限地发展，着力综合素养提升

设计一周的营养午餐食谱，不仅涉及跨学科学习，还包含跨边界学习：调查了解人体每日营养需求，查找主要食物的营养成分，给偏胖或偏瘦体质学生个例搭配午餐……对此，教师要站在育人的高度来设计活动内容，让学生在无界限的学习中实现思维参与、情感参与、实践参与。

比如，在"营养午餐巧搭配"中，教师可组织学生开展"初次搭配喜好午餐、二次搭配营养午餐、展示小组营养午餐、投票选择喜欢午餐、倡导合理科学选餐"等活动，培养学生的均衡营养意识；在"一周午餐善安排"中，教师可组织学生开展"查阅资料知营养需求、合作计算营养构成、设计展示午餐食谱"等活动，树立均衡营养、合理膳食的理念。在"健康饮食大课堂"中，教师可组织学生开展"饮食零食大调查、营养需求大讨论、健康生活大宣传"等活动，促使学生养成"均衡与节俭"的健康生活和自我健康管理的意识。围绕

项目学习中心主题创设的综合性、实践性活动，蕴含了丰富的现实问题和跨学科要素。学生充分调动数学、科学、信息科技等学科知识，解决真实情境中的问题，方可实现经验的积累、知识的习得、综合素养的提升。这也是跨学科学习的魅力所在。

# 第三章 · 学：素养本位深度学

新课程改革的关键是学习方式的变革，要基于"素养本位"，从"教为中心"转向"学为中心"。在"学为中心"的课堂里，教师才能将数学知识、思维方式和关键能力等融为一体，真正完成课程目标，发展核心素养，实现减负增效，落实学科育人。"素养本位"的学习课堂，以"学习任务单"引导数学思考，以"四人学伴"开展学习活动，以"学科实践"获取数学知识，达到学情、学法的深度融合，促进学生深度学习，实现真实学习、学会学习。

## 第一节　学习任务单

佐藤学教授在《教师的挑战：宁静的课堂革命》的序中提出"以学习为中心的教学创造"，并且指出课堂宁静的革命，在学习方式上表现为从各自呆坐的学习走向活动性的学习，从习得、记忆、巩固的学习转向探究、反思、表达的学习；在教学方式上表现为从传递、讲解、评价的教学转向触发、交流、分享的教学。其要义是从"教为中心"转向"学为中心"，核心是以学定教，顺学而导。华东师范大学叶澜教授认为："学为中心"是对教学过程构成要素及其关系的规律性把握，主要表现为学生立场、学习设计、学力发展等基本教学观念及价值追求。"学为中心"的课堂新样态，实现问题式导学、小组式合作、自主式交流、指导式发现等的学习方式，体现了教学本质，遵循了学习规律，实现了学会学习。

"学习单"是实现"学为中心"课堂的一种有效载体，它对于学生自主探学、小组互学、生生共学，利用"四基"，发展运用数学知识与方法发现、提出、分析和解决问题的能力具有重要意义。教师依据课程标准、教材、学情等因素合理设计和使用"学习单"，对转"教"为"学"、丰富学习方式、促进教师教学水平和专业素养提升、发展学生的核心素养有着积极的意义。

## 一、学习单的内涵

维果茨基认为，学生的发展水平有两种：一种是现有的水平，即独立活动时所能达到的解决问题的水平；另一种是可能的发展水平，即通过教学所获得的潜力。两者之间的差异就是"最近发展区"。可见，"最近发展区"是学生在已掌握知识和未掌握知识之间存在需要教师引导的区域，而教学的作用就是在这一区域进行设计，从而引导学生学习。"学习单"是基于学生的"最近发展区"，为他们提供具有一定挑战性的学习内容，充分调动学生的主动性，促使他们超越"最近发展区"从而达到下一阶段的发展水平，并以新的发展水平为基础走向更高层次的发展。

罗鸣亮教研员认为：教师要凸显学生在学习中的主体地位，一个重要的前提是足够"了解"学生，而这离不开学习单在"互动"前、"互动"中和"互动"后发挥的重要作用。"三单"既是教学的媒介，又是触发学生深度探究、学习与思维的有效载体。教师合理运用"学习单"，既能准确把握学生真实的困惑和需求，探明学生学习的生长处和关键节点并"对症下药"，又可激发学生的内驱力，助力学生学会学习，促进其自我成长。

## 二、学习单的分类

湖北省教育科学研究院小学数学教研员刘莉老师梳理了一些研究者对学习单的研究，并进行了如下分类。

### 1. 按功能划分

前测单：教师为更好地了解学生在某一知识内容上已经了解、掌握的基础，让学生在课前完成一些测试或活动，为精准教学提供数据支撑。

探究单：教师引导学生进行探究活动的问题或任务。

练习单：让学生更好地掌握"四基"和"四能"，发展核心素养。

### 2. 按表现形式划分

发散式：使学生能根据关键内容的提示，了解和把握探究活动的内容和运用的方法，促使学生思维发散。

收敛式：把一个探究点当作中心，把与其相关的其他探究点用适当的符号联系起来，使它们的内在联系指向中心。

表格式：运用表格对容易混淆或难判断的探究点从不同方面进行分析和比较，以便学生准确把握该探究点，提高探究效果。

任务式：通过任务驱动的形式促进学生自主学习，帮助学生养成良好的思维习惯。

### 3. 按使用时间划分

课前自主预习单：设计学生课前预习内容，以便教师在课前进一步了解学生的知识水平和经验积累。

课中探究活动单：提供关于教学内容的问题或任务，引导学生探索、交流、讨论，建构知识体系。

课堂学习评价单：获得学习反馈，进行知识巩固和学习拓展。

## 三、学习单的原则

学习单是"学为中心"课堂的重要载体。学习单的质量关系着课堂的质量，关系着学生的素养发展。设计学习单应遵循以下原则。

## 1. 坚持目标导向

学习目标是设计学习单的依据。基于逆向教学设计理论，每单元、每课时都应该先确定学习目标，再依据学习目标分解为一个个相互关联、层层递进的学习任务，让小任务成为学生达成学习目标的学习支架。因此，学习单中的学习任务应围绕学习目标并针对教学的重点和难点，充分借助学生的知识经验或生活经验，充分发挥学生的学习主动性，获得"四基"和"四能"，形成正确的情感、态度和价值观。

## 2. 重视整体结构

设计学习单应体现数学知识之间的内在逻辑关系，充分考虑主题—单元—课时的数学知识和核心素养的主要表现，把这些知识和素养落在一个个任务中，通过学生活动和教师活动的分步实施和逐步推进，促进学生对数学学习内容的整体理解与把握，逐步培养学生的核心素养。

## 3. 创设真实情境

设计有真实情境的任务有利于激发学生的学习兴趣和探究欲望，更能让学生感受数学在现实世界中的广泛应用，体会数学的价值。真实情境的创设，可以从社会生活、科学和学生已有数学经验等方面入手，围绕教学任务，选择贴近学生生活经验、符合学生年龄特点和认知加工特点的素材。

## 4. 设计合理问题

学习任务的问题应能引发学生认知冲突，激发学生学习动机，促进学生积极探究，让学生经历数学观察、数学思考、数学表达、概括归纳、迁移运用等学习过程，体会数学是认识、理解、表达真实世界的工具、方法和语言，增强认识真实世界、解决真实问题的能力，树立学好数学的自信心，养成良好的学习习惯。

# 四、学习单的实例

本书所指的"学习单",从使用时间上看,主要是指课前预学单、课中导学单和课末诊学单(简称"三单");从功能上看,兼具前测、探究和练习的作用;从表现形式上看,是基于任务式学习的呈现。

## 1. 学习单内容

### (1)预学单。

预学单是单元(或课时)课前的前测单,了解学生已有的知识、经验和方法,分析学生的学习起点和思维方式,为确定单元(或课时)学习目标、设计学习活动提供依据,为提升课堂教学质量提供保障。

## 人教版小学数学四年级下册"运算律"单元预学单

(设计者:厦门海沧延奎实验小学 许丹丹)

**对象:** 四(1)班 48 名学生。

预学单学习情况分析如下。

| "运算律"单元预学单 |
| --- |
| **一、填空题**<br><br>$43+($  $)=75+($  $)$<br><br>$($  $)+58=($  $)+12$<br><br>$($  $)\times32=($  $)\times24$<br><br>$8\times($  $)=a\times($  $)$ |

**调查目的:** 了解学生是否会运用加法交换律和乘法交换律进行简便计算。

**结果分析:** 部分学生了解运算定律,总体来看,学生运算律应用能力较弱。

**具体分析:** 根据对填空题的数据分析(见下图)不难看出,如果学生知道"交换加数的位置和不变、交换乘数的位置积不变",那么填空题将会变得十分简单。但部分学生用"凑值"的方法计算，可见，部分学生对加法交换律和乘法交换律还不了解。

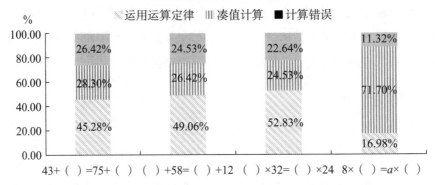

运算律前测分析——填空题

二、我会说理

1. 你知道为什么 25+5 = 5+25 吗？请记录你的思考过程。

| 结　果 | 人　数 |
| --- | --- |
| 计算结果相同 | 17 |
| 生活实例 | 22 |
| 画线段图 | 6 |
| 运算意义 | 3 |

2. 你能用自己的方式表示加法交换律吗？

| 结　果 | 人　数 |
| --- | --- |
| 空白或做错 | 3 |
| 举数字例子（如 32+24 = 24+32） | 28 |
| 图形表示 | 12 |
| 字母表示 | 5 |

　　调查目的：了解学生是否理解加法交换律的意义，是否可以用字母表示。

　　结果分析：学生大多停留在具体的数字上，用图形或字母表示有一定难度，而且不清楚其中的道理。可见，学生大多停留在经验上的直观感知。

**具体分析**：在第二题的第 1 题中，学生可以使用交换律来解决数学问题，但是在解答第 2 题时，准确率却不高。可见，学生对加法交换律的意义理解有一定的难度，"知其然，而不知其所以然"。

---

**三、解决问题**

  风狮爷是闽南地区的一种风俗习惯，在建筑物门前或者屋顶、村落的高台上建造狮子像，用来镇风避邪。在纪念品商店里，一只中号风狮爷售价 55 元，一只小号风狮爷售价 45 元，如果中号和小号各买 5 只，一共需要多少元？

| 水平层次 | 水平层次描述 | 人　数 |
|:---:|:---:|:---:|
| 水平 0 | 不会解决问题 | 6 |
| 水平 1 | 只会用一种方法解决问题 | 12 |
| 水平 2 | 会用两种方法解决问题 | 30 |

  **调查目的**：了解学生是否会用乘法分配律解决生活中的实际问题。

  **结果分析**：大部分学生会运用运算律解决问题，但不清楚其中的道理。

  综上分析，从认知积累方面，学生经过三年多的数学学习，对加法、乘法的交换律和结合律在潜意识里已有较多的感性认识，为新知的学习奠定了良好的基础。在思维习惯方面，大多数学生已经具有一定的从具体到抽象思维的能力，并且积累了一定的数学活动经验，对抽象的数学知识能进行初步推理、探究、归纳和总结，但是学生的思维方式和思维习惯还不够完善，数学的运算能力、推理能力尚不足。

  基于预学单的数据分析，本单元的学习要充分利用学生已有知识、经验和方法，调动多种感官参与到新知学习中，经历观察、猜想、验证、推理、归纳、运用等过程，完成运算律新知的建构、理解、掌握和应用。


  （2）导学单。

  导学单是课中的"学习任务"，是学习单的核心，是引导学生自主探究完成学习任务的重要载体。通过导学单，教师可将学习目标转化为若干个"学习任务"，以任务驱动学生个人探学、小组互学、生生共学，在自主探究中促进学生深度思考、表达，形成共识，对核心素养的发展起到至关重要的作用。导学单的使用是为了转"教"为"学"，打造"学为中心"的课堂。

为了发挥导学单中每个"学习任务"的作用，学生应做到思—说—听—理，即，（1）思：个人独立探学，独自阅读、思考、解答、操作，再进行小组交流；（2）说：在两人或四人小组里，由组长主持轮流说一说，努力把自己的想法表达清楚，让同伴听懂；（3）听：认真聆听同伴的表达，若有疑问、不同想法或建议，可等同伴说完后再提出来讨论；（4）理：把在交流中获得的新思考、新方法梳理清楚，并记录下来。

**人教版小学数学五年级上册《平行四边形的面积》导学单**

---

**《平行四边形的面积》导学单**

任务一：如何计算下图平行四边形的绿地面积呢？

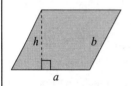

小唯认为：平行四边形草地的面积和长方形的面积一样，可以用邻边相乘，即 $S = a \times b$。

小美认为：平行四边形的面积与底和高有关，即 $S = a \times h$。

你认同谁的观点呢？请说明理由。

任务二：所有平行四边形的面积都可以用底乘高计算吗？

任务三：平行四边形和长方形的面积计算方法有什么联系？

---

（3）诊学单。

诊学单是课堂上的练习，是对学生学习效果的诊断。课堂学习诊断不是知识的简单重复，也不是一味地求新、求特、求偏，而应遵循课标要求、教材内容、学习目标、作业目标和质量要求，尊重学生的认知规律、认知水平和差异发展，设计基础性、综合性和拓展性的练习，帮助学生及时反馈学习效果，在巩固与应用中理解并掌握知识、形成能力、发展核心素养，提升数学学习的自信心和获得感。

## 人教版小学数学四年级下册《平均数》诊学单

### 《平均数》诊学单

1.小美对四名同学的读书时间进行了统计。如果用虚线所在的位置表示四名同学读书的平均时间，那么下面选项正确的是（　　）。

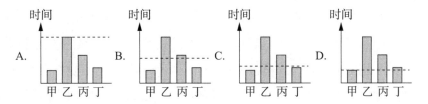

2.明明所在四（1）班同学的平均身高是 1.36 米，东东所在四（2）班同学的平均身高 1.32 米。下面说法正确的是（　　）

A.明明一定比东东长得高。

B.四（2）班身高最高的同学是 1.32 米。

C.总体上四（1）班同学比四（2）班同学长得高一些。

D.如果四（1）班有一个同学身高是 1.40 米（1.40 = 1.36+0.04），那么这个班一定有一个同学的身高是 1.32 米（1.32 = 1.36–0.04）。

3.五个评委分别给小青和小东的作品打分（10 分制），统计如下图所示。

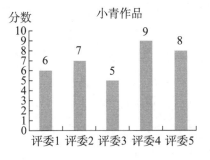
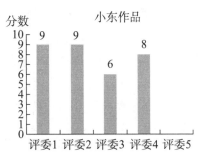

（1）小青作品的平均分是多少？


（2）小东的评委 5 还没亮分，小东会赢吗？请说明理由。

## 2. 课时学习单实例

依据"学为中心"课堂理念，遵循设计学习单的原则，依据教材为本、学情为本、发展为本设计学习单，有利于学生开展个人探学、小组互学、生生共学，达到学生的"最近发展区"，提升学习水平。

（1）"教材为本"的学习单。

有些专家和一线教师倡导创造性地使用教材，这对于有能力的教师和素质高的学生是适用的。如今，依据新课标编写的新教材，凝聚了广大教育专家和优秀一线教师的研究成果和实践经验。如果能深入解读教材，根据新课标理念，依据学习目标、学习内容和学生的实际情况，深入浅出地设计"三单"开展教与学的活动，这对一线教师来说就是落实好"双新"最基本的要求。可见，一线教师以"教材为本"设计"三单"，应成为一种常态化的教学设计工作。

## 人教版小学数学一年级下册"100以内数的读写"例3学习单

（设计者：厦门海沧延奎实验小学　周建梅）

本节课的教学，充分利用学生已有的经验，在体验中学习，在操作小棒和计数器等活动中感悟，在辨析中找到100以内数的读写方法。通过计数器的动手操作，教师可提升学生的思维能力，借助教具、实物的演示，调动学生多种感官参与教学活动，知道数位的排列顺序，逐步认识十进位值制计数法，在合作探究中，激发学生的学习兴趣，增强合作意识和表达能力。

| "100以内数的读写"例3学习单 |
| --- |
| 【大问题】<br>　　如何认识100以内的数？ |
| 【预学单】<br>　　怎样数班级里的同学？一共有多少人？ |
| 【导学单】<br>　　任务一：数一数，下图中每种颜色的纽扣各有多少粒？ |

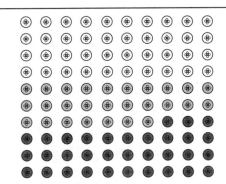

活动要求：

1. 我数一数。

⊕ 有（　　　　）粒。

⊕ 有（　　　　）粒。

⬤ 有（　　　　）粒。

2. 和同桌交流，数的结果一样吗？说一说数数的方法。

任务二：怎么读写上面这些数呢？每个数位上的数字各表示什么？

活动要求：

1. 我会摆。

你能用小棒摆出这些数吗？试着摆一摆。

2. 我会画。

把这些数在计数器上画一画，并说说自己是怎么画的。

3. 我会写。

怎么读写这些数？试着读一读、写一写。

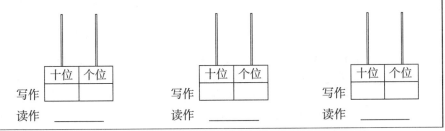

4. 辨一辨。

33 中的两个"3"一样吗?


任务三:三种颜色的纽扣一共有多少粒?

活动要求:

数一数,三种颜色的纽扣一共有(　　　　)粒。请用小棒摆一摆这个数。

在计数器上拨一拨这个数,说说自己是怎么拨的,并读一读、写一写、填一填。

写作

读作　_____

从右边起,第一位是(　　　　)位,第二位是(　　　　)位,第三位是(　　　　)位。

我发现:读数和写数,都从(高、低)位起。

【诊学单】

1. 同桌合作,我写数,你读数。

我写:_____。

请同桌读,读对了要点赞。

2. 写出计数器上的数并读出来。

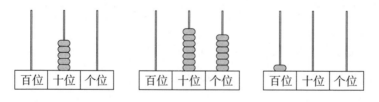

_____　　_____　　_____

3. "44"右边的"4"在(　　　　)位上,表示(　　　　)个(　　　　);左边的"4"在
(　　　　)位上,表示(　　　　)个(　　　　)。

## 人教版小学数学六年级上册《分数除以整数》学习单

（设计者：厦门海沧延奎实验小学　王玉婷）

　　本课要借助数形结合思想，让学生知晓怎样算得有理。大部分学生在预习后能精准找到算法，但对于为什么要乘除数的倒数，还停留在未知阶段。为了让学生能够直观地理解算理，本节课通过数形结合的方式丰富学生的认知，主要借助除法的意义开展教学（也可以利用商的变化规律来理解，本节课没有将这种方法纳入探究中）。这样将新旧知识有效地结合，为学生的理解提供了强有力的帮助。本节课的学习要与分数乘法、倒数、除法的意义有效地联系起来，让学生认识到新知识的学习建立在旧知识的基础之上，打通知识间的联系，进而从深层次上引导学生思考、探究其中的算理，同时使学生将新旧知识联系起来进行系统学习。

| 《分数除以整数》学习单 |
|---|
| **【大问题】**<br>　　怎样计算分数除以整数？ |
| **【预学单】**<br>　　老师买了 4 米的红绸带，平均分给表演节目的 7 名同学。每人分得几米？（用分数表示）如果每个同学把分得的红绸带平均分成 2 段，每段长多少米？ |
| **【导学单】**<br>　　任务一：一条 $\frac{4}{7}$ 米长的绳子，平均分成 2 段做柚子灯，每段是多少米？（若遇到困难可以折一折、画一画。）<br><br>　　我是这样想的：<br><br><br>　　任务二：如果把这条 $\frac{4}{7}$ 米长的绳子平均分成 3 段，每段是多少米？<br><br><br>　　任务三：关于"分数 ÷ 整数"，你有什么发现？请举例验证。<br>　　我的发现：<br><br><br>　　我的验证： |

【诊学单】

1. 看图列式计算。

（1）把下面的大长方形看作"1"，涂色部分如何表示？

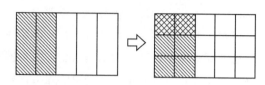

（2）

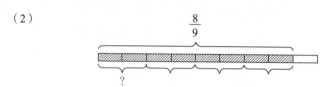

2. 一块长方形布的面积是 $\frac{4}{9}$ 平方米，明明把这块布剪成 3 块同样大小的小布。每块小布的面积是多少平方米？请表示你的思考过程。

3. 聪聪发现：整数、小数、分数除法的计算方法是有联系的，他写了以下算式。

$63 \div 3 = 21$

$0.63 \div 3 = 0.21$

$\frac{9}{11} \div 3 = \frac{3}{11}$

你同意聪聪的想法吗？结合上面的算式说明理由。

（2）"学情为本"的学习单。

学生是教学活动的主体与对象，是学习的主人，"学为中心"的课堂就应该充分分析学情，依据学情确定学习的起点，使"学习任务"成为学生经过努力可以达到的要求，也就是学生的"最近发展区"。由于学生知识、思维、能力的差异性，学习单应满足不同学生的需求，体现层次性、开放性、系统性，让不同的学生在数学上得到不同的发展。

## 人教版小学数学四年级下册《小数的意义》学习单

"小数的意义"是学生在学习"小数的初步认识"基础上的再次学习，是学生对认识数的又一次拓展。四年级学生对小数的认识已经积累了一定的知识基础和生活经验，但又只是在感性认识阶段，停留在三年级认识的一位小数上。虽然学生在生活中也接触了两位小数甚至三位小数，但并不理解小数的真正意义。如何基于学生的认知基础，让学生在认识一位小数的基础上，不断感悟"单位逐步细分"的道理，直观理解小数和整数一样，都是认识计数单位，都是用"十进制"计数法来表示，都是由不同数位上的计数单位累加而成的本质意义，实现"数的认识"的"一致性"呢？

基于学生已有的知识基础和生活经验，在设计本课学习单时，教师应把握好尺度，做好经验的正迁移，设计的探究任务应具有一定的思维空间，让学生在知识迁移中实现知识的结构化。

| 《小数的意义》学习单 |
| --- |
| 【大问题】<br>　　小数的意义是什么？ |
| 【预学单】<br>　　我们已经学习了一位小数，你能画图表示 0.3 吗？ |
| 【导学单】<br>　　任务一：如果把一个大正方形看成1，涂色部分可以用什么数表示？说说你的想法。<br><br><br><br>　　我的想法：<br><br>　　任务二：在上面的大正方形中，你还能表示出三位小数吗？试一试。<br><br>　　任务三：计数单位"1，0.1，0.01，0.001…"之间有什么关系？试着说说。<br>　　我的想法： |

【诊学单】

1. 表示出下面各图的小数。

小数点

（　　）　　　　　　　　（　　）　　　　　　　（　　）

2. 先在下图直线的大格上标上数字，然后用箭头表示出上面几个不同的小数。

3. 知识拓展。

截至 2024 年 9 月，中国在纳米芯片技术方面已经能够实现 14 纳米芯片工艺的量产，并且在 7 纳米和 4 纳米工艺方面也具备了较强的实力。这些成就不仅展示了中国在芯片技术领域的创新能力，也为未来的技术发展奠定了坚实的基础。这种技术不仅满足了高性能计算领域的需求，如智能手机、5G 通信、人工智能、自动驾驶等应用，还推动了图形处理器（GPU）、中央处理器（CPU）、现场可编程门阵列（FPGA）、专用集成电路（ASIC）等产品的进步。

"纳米"即毫微米，通常用"nm"表示。根据 1 毫米 = 1000 微米，1 微米 = 1000 纳米，4 纳米、7 纳米和 14 纳米分别是多少毫米？（用小数表示）

（3）"发展为本"的学习单。

富有挑战的学习单以学生的核心素养发展为本，能促进学生基于已有经验，在挑战性的任务中自主探索、合作学习，产生独有的思考并形成共识，进而迁移知识、形成能力。这样的学习单既为不同层次的学生开展多样化的探究活动创造条件与机会，又为学生的小组讨论、生生互动提供思维载体。

## 人教版小学数学四年级下册《三角形的整理与复习》学习单

（设计者：厦门海沧延奎实验小学　胡妙玲）

本课是在学生学完"三角形"这一单元后设计的一节整理与复习课，旨在梳理和提升学生对三角形的认识，形成空间观念。

"预学单"是让学生自主梳理"三角形"这一单元学过的知识点，在课前独立进行系统整理，明确概念，厘清三角形边和角的特性，会用数学语言表达各部分知识的特点和联系，形成知识体系。

"导学单"中的"任务一"是让学生展示梳理知识的成果，教师在此基础上，从"边"和"角"两条主线梳理提升。和"边"相关的有三角形的三边关系；三角形按边分为不等腰三角形和等腰三角形（等边三角形属于特殊的等腰三角形）。和"角"相关的有三角形的内角和；三角形按角分为锐角三角形、直角三角形和钝角三角形；由"三角形的内角和"探索四边形的内角和及多边形的内角和。三角形的稳定性跟三角形的边和角都有关系。通过复习梳理，学生能很好地建构知识体系，形成结构化的学习网络。

"任务二"是通过点 $A$ 的移动培养学生的空间观念。因为教材采用的是不完全归纳法，在学习中教师发现学生的思维不够深入，无法窥见三角形的全貌，而通过对点 $A$ 在什么位置会形成什么三角形的探究，学生能清晰地看出各种三角形分布的区域，理解三角形的分类，培养空间观念，提升数学素养。此学习任务对全体学生都是一种挑战，体现了层次性、开放性，关注到不同学生的知识和能力。不管学生的思维处在何种水平，他们都能根据自己的知识水平从浅层思维到中层思维再到深层思维，找到相应的 $A$ 点，让学生在自主探究中获取事实性知识、原理性知识、策略性知识和创造性知识，达到知识的知道、理解、应用和迁移水平。

"任务三"是让学生体会三角形的形状、大小、角度变了，三角形的三边关系、内角和、稳定性没有变，感受"变与不变"的思想。

"诊学单"是把本单元没有复习到的内容，以练习的形式出现，培养学生应用知识解决问题的能力。

| 《三角形的整理与复习》学习单 |
| --- |
| **【大问题】**<br>　　如何通过三角形的边和角梳理单元知识？ |
| **【预学单】**<br>　　请按照一定的思考方式梳理"三角形"这一单元学到的知识。 |

【导学单】

任务一：把在课前梳理的单元知识与小组同学交流，达成共识后，小组派代表上台汇报。

任务二：如下图所示，有两个点 B、C，还有一个点 A，想象一下，点 A 在哪个位置，ABC 能围成一个三角形？是什么三角形？你有什么新发现？

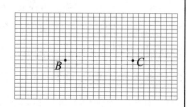

任务三：随着点 A 的移动，三角形什么变了，什么没变？

【诊学单】

1. 一个等腰三角形的周长为 20 米，其中一条边长 6 米，求另外两条边的长。

2. 求下图中∠1 的度数。

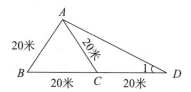

3. 将一根长 18 厘米的铁线围成三角形，它的三条边可能是多少厘米？（取整厘米数）

# 第二节　四人学伴

古人云：三人行，必有我师。《西游记》中，师徒四人各自发挥才能，取得了真经。所以，学习伙伴是挖掘各自潜能、互相学习、互相发展的好载体，必将培养学生适应未来发展的正确价值观、必备品格和关键能力。厦门海沧延奎实验小学推行的"四人学伴"是落实新课程方案、聚焦核心素养、变革育人方式、深化教学改革、培养"有理想、有本领、有担当"的时代新人的一项新举措。它以课内外"四人学伴"的个人探学、四人互学、生生共学，实现不同人的异步发展、互助学习，共享生活带来的乐趣与自信，促进学生全面而有个性地发展。

## 一、"四人学伴"学习模式

下面以厦门海沧延奎实验小学"四人学伴"学习方式为例进行说明。

1. 学习模式

一年级以"同桌合作"学习为主，二年级从"同桌合作"走向"四人学伴"，三至六年级以"四人学伴"合作学习。

2. "四人学伴"的组建

（1）分组。以班主任为主导，各学科教师配合，均衡编排（按性别、身高、学习力等因素搭配）。分组时，不仅要考虑组内学生的学业水平，更应该考虑学生的表达能力、性格特点、个人对组员的领导力，让不同层次的学生在合作学习中有效互补，真正实现组内共学。

（2）分工。四人学伴就是人人有事做，事事有人做，让不同层次的学生都能发挥自身的优势，实现异步发展。一般设组长、副组长、管理员和记录员岗位。

组长：具有公心，能平等对待组内不同层次的学习伙伴，组织协调组内的合作学习；自身具备一定的表达能力，能判断组员讨论问题的合理性，学业水平较高。组长不一定是成绩最好的，但一定是胸怀大、组织能力最强的。组长是组织者、协调者、监督者和激励者，需做好如下事情：①课堂上，根据探究任务，组织组内同学依次发言，组内需对研究的问题达成共识；②安排、推荐组内发言代表；③对组员的表现进行反馈、监督、建议；④组织每周一次线上交流；⑤根据组员的特长轮流做东，组织每月一次的学习分享；⑥组织每季度一次的实践活动（家长协助），做好活动的策划、准备工作等；⑦检查组员作业完成情况。

副组长：组织每天早读，收齐本组作业交给科代表；每一节课前检查组员是否准时到位，督促组员做好课前准备；协助组长做好课外小组共学或实践活动；组长请假时，由副组长暂代组长活动。

管理员：管理小组交流时的纪律，管理小组课堂纪律，管理小组的课间纪律，管理小组成员早间、午间的到校情况及中午、下午的离校情况。

记录员：负责记录组员组内、上课的发言次数，记录组员作业完成情况，记录组员线上交流、课外活动参与及贡献情况。

（3）培训。对小组长进行岗前培训。

（4）动员。组内"破冰行动"（取组名、定目标等），在家长群进行推广、动员。

（5）磨合。小组磨合期为一个月，磨合期过后根据实际情况再调整。

3. 课内课外合作方式

课内合作学习从以下几方面进行。

（1）学习准备：集备时确定小组合作的任务（核心问题），可以将其呈现在学习单上。

（2）独立思考：组员根据核心问题、任务等独立思考（可前置，视实际情况而定）。

（3）小组互学：组长根据探究任务，组织组内同学依次发言，组内需对研究的问题达成共识。组内交流时要注意：

说：依次说，把想法表达清楚，让其他人听懂；不重复前面同伴的发言，提出新思考（或补充或质疑）。

听：努力听懂同伴的想法，有困惑或不同意见要等同伴说完再提出来。

记：收获了新思考，用不同颜色的笔记录在学习单上。

改：在同伴的启发或帮助下达成共识，及时订正或补充不同的方法。

（4）交流共学：安排、推荐组内发言代表。各组发言人必须汇报小组共同的想法，班级同学在此基础上进行补充、提问。组间交流时要注意：

说：汇报小组共同的想法，让其他人听得懂。

听：认真听懂别人的想法，有困惑或不同意见等他人说完再提出来。

评：同意——请给掌声；有困惑或不同意见——请举手。

记：收获了新思考，用不同颜色的笔记录在学习单上。

改：及时改正自己不会的错题，或补充自己没想到的方法。

提醒：小组互学时，学生在规则下表达自己的想法，听取同伴的意见，对照自己原有的想法，进一步调整、补充自己的思考。在这一过程中，教师观察、记录小组活动情况，不做过多干预。小组组建前期，教师应特别留意各小组能否按规则进行组内共学活动，发现问题，课后及时调整，并进行跟踪。随着组内共学逐步推进，学生在组内已经解决的问题，可以不在班级交流中反馈；组内交流后仍有困惑或有争议的、不能达成共识的，以及交流中产生的新问题，可以提出来，班级交流。

（5）留足反思修正的时间：每一轮的小组共学、班级交流后都要为学生的反思修正留下足够的时间，这样学生才能深入对比同伴的想法与自己原有的思考，记录下自己新的思考。

课外合作学习（任务驱动）从以下几方面进行。

（1）每周一次线上学习交流，用于协助落实作业完成情况，分享学习成果，交流学习困惑。

（2）每月一次学习分享，如数学的说理训练等。

（3）每季度一次实践活动（大自然、社会），用于研究性学习、参观学习、研学等。

记录员根据课内课外合作学习时组员的参与、贡献程度进行记录，教师、组长对参与效果进行评价。

### 4.四人学伴评价模式

评价方式：捆绑评价＋个人评价（50分+50分），同学科统一标准。

工具：优化大师或评价表，每周公布各组得分。

所谓"捆绑评价"，即每个成员的表现影响小组得分，小组得分也是每个成员的得分。把每个人的成功建立在小组共同努力之上，促使共学真正落到实处。具体评价规则如下：

（1）课前准备，每个小组得1分。组员没有达到要求，同伴未及时提醒的扣1分。

（2）作业全部交齐，每组得1分。

（3）独立思考时四人均认真，每组得1分。

（4）小组交流，每轮得2分。没达到要求的相应要扣分。班级的特需生，根据课前集体商定的，如果他们能积极参与小组活动，可以为小组多加1分，但暂不扣分。目的是让小组接纳、包容这些比别人慢一些的孩子，让他们能慢慢地融入共学活动。

（5）全班交流，小组成员能汇报小组讨论的共识加1分，无法汇报组内共识的相应扣分，其他小组的同学能有效参与课堂对话的加1分，能认真聆听课堂对话的加1分。

教师要把课堂评价情况及时反馈给每个小组，让每个学生清楚本组及个人的得与失，针对性地进行调整。

个人评价可结合教师的日常评价进行。

评价完成后，要定期进行奖励：班级表彰优秀小组、推荐参加学校优秀"四人学伴"评选。

# 二、"四人学伴"学习案例

## 人教版小学数学四年级下册《平均数》

（执教者：厦门海沧延奎实验小学　易增加）

### 一、教材分析

《平均数》属于"统计与概率"领域，是学生已经了解平均分、除法运算知识，经历了数据的收集、整理、分析等过程的基础上进行教学的。平均数作为一个统计量的学习过程，是学生在小学阶段第一次也是唯一一次利用其进行数据分析的经历，因此，平均数统计量的教学是学生数据意识初步形成的关键。

### 二、学习目标

1. 结合具体情境，在观察、操作、讨论等活动中初步感受平均数是代表一组数据整体水平的统计量，体会"代表性""虚拟性"和"敏感性"。

2. 运用平均数解决、解释现实现象，积累处理数据的经验，发展数据分析能力。

3. 联系生活理解平均数，体验应用价值，提升解决问题的能力，发展学生的数据意识、应用意识等核心素养。

### 三、教学重难点

教学重点：理解平均数的意义，掌握求平均数的方法。

教学难点：体会平均数的特征，感悟平均数的统计意义。

### 四、教学过程

师：2024 年厦门市中小学生"环境健康杯"绘画比赛开始了，请看《最后的家园》作品。请同学们当评委为《最后的家园》打分。打分要求：满分 10 分，且是整数分。请同学们把分数写在单子上。

学生独立思考并打分。

师：你打了几分？

生：我打的分数是9分。

生：我打的分数是8分。

生：我打的分数也是8分。

生：我打的是10分。

生：我打的是7分。

……

教师收集学生打出的具有代表性的四个分数，现场填入表格（见下表），自动生成条形统计图（见下图）。

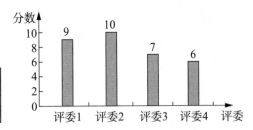

| 评 委 | 评委1 | 评委2 | 评委3 | 评委4 |
|---|---|---|---|---|
| 分 数 | 9 | 10 | 7 | 6 |

师：我们看一看这四个评委的打分情况。

---

● 设计意图 ●

　　"平均数"是来自现实生活中的真实数据的统计量。如果呈现的素材离学生的生活很遥远，或者让学生不感兴趣，那就很难让学生开展学科探究。以学生自己参加的活动"2024年厦门市中小学生'环境健康杯'绘画比赛"为素材，能激发起学生的探究欲望。让全体学生为作品打分，经历了统计量的数据收集过程，为学习探究提供了素材。抽取四名同学的打分数据（9分、10分、7分、6分），让学生初步感知平均数的抽样统计。这样的真实情境，为学生的高阶认知发展奠定了基础。

任务一：想一想、议一议，哪个分数代表这幅画的水平？为什么？

1. 个人探学。

师：把你的想法写在空白纸上。我们来看一看这几位同学的想法。

生：我觉得是 7 分，因为它可以代表低的分数，也可以代表高的分数，也就是平均数。

生：我觉得是 8 分，如果要算平均数的话，就是 8 分。

2. 小组互学。

师：各小组开展"四人学伴"合作学习。

小组交流规则：（1）组长组织成员依次发言。（2）要经历"说—听—记—改"的过程，即说：依次说，把想法表达清楚，让其他人听懂；不重复前面同伴的发言，提出新思考（或补充或质疑）；听：努力听懂同伴的想法，有困惑或不同意见等同伴说完再提出来；记：收获了新思考，用蓝色笔记录在学习单上；改：在同伴的启发或帮助下达成共识，及时订正或补充不同的方法。（3）小组内达成共识。

注意：小组交流后需注意留下独立修正学习单的时间，再次反思自己原有的想法，产生新的思考。

3. 交流共学。

师：哪个小组先来汇报？

第 3 小组成员上台汇报。

副组长：同学们请听我说。我们小组是这么认为的：一共有四个评委，第一个评委评了 9 分，第二个评委是 10 分，第三个是 7 分，第四个是 6 分，如果把他们的评分全部加在一起，是 32 分。一共有四个评委，我们就要把这四个评委的分数"变成"一样的。我们用 32 除以四个评委，也就是说，他们的平均分是 8 分。你们还有补充的吗？

记录员：我有补充。如果平均数是 7 或者 6，和其他的分数有的相差太大，有的相差太小，如果平均数是 8，相差就是一样的了。

管理员：就是先将 9+10+7+6，然后再除以 4，因为有四个评委，最终的结果是 8 分，说明这幅作品的平均分就是 8 分。

组长：我来总结一下我们小组刚才讨论的结果。我们小组除了用（9+10+7+6）÷4 = 8，还想到可以把评委2的10分中的2分"移"到评委4的

6分上，这样评委2和评委4都是8分；把评委1的9分"移"1分给评委3，也都是8分。

师：我准备了一些学具，把你们小组的想法通过移动学具表达出来吧。

第3小组组长：好的，大家看我怎么移动。（边讲边移动）同学们还有什么疑问或补充吗？

其他小组成员补充。

第1小组组长：我觉得移完我们应该再仔细看一下有没有可能多移或少移。

第2小组副组长：除了你们刚才那样移动，也可以把评委1的9分"移"1分给评委4，把评委2的10分"移"1分给评委3，再"移"1分给评委4，这样都得到8分。大家看懂吗？

生：（齐答）看懂了。

师：是啊，不同的移动方法，最后都得到8分。那么，这个"8"就能代表这幅画的整体水平吗？或者说这个"8"是什么意思呢？

第5小组管理员：我认为这个8分是四位评委综合得出来的一个分数。因为我们要先把所有评委的分数加起来，然后看看有几个评委，再除以评委的数量。也可以用割补法，就是把多的割给少的。

师：这就是我们这节课要学习的平均数，可以通过先合后分算出平均分，也可以用移多补少。得出的8分就是这组数据的整体水平。

---

• 设计意图 •

"任务一"中，学生经历个人自主探究、小组合作学习、全班生生共学的过程，经历了数据"移多补少"的实践过程，经历了"先合后分"的演算过程，理解了平均数是代表一组数据的整体水平。

---

任务二：如果老师也加入对《最后的家园》作品的评分（见下表和下图），平均分会发生怎样改变？请分析说明。

| 评 委 | 评委1 | 评委2 | 评委3 | 评委4 | 老师 |
|-------|-------|-------|-------|-------|------|
| 分 数 | 9 | 10 | 7 | 6 | ? |

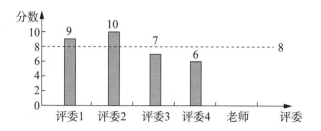

1. 个人探学。写出自己判断的分数，并说明自己的想法。

2. 小组互学。小组成员交流自己的想法，并达成共识。

3. 交流共学。

第 2 小组成员上台汇报。

管理员：我们小组是这么想的：如果老师加入评分的话，平均分可能变大、变小或者不变。经过我们小组计算，如果老师的分数是 8 分，那么平均数是不变的。我们也验证了一下，真的不变。

组长：我们小组有个疑问，老师的 8 分和平均分的 8 分一样吗？

各小组交流。

第 3 小组副组长：一样啊！不都是 8 分吗？

第 6 小组管理员：两个 8 怎么会一样呢？一个是老师打的 8 分，刚才算出来的是平均分 8 分，不是某个人的，是整体的水平。

第 4 小组副组长：好像有道理。

第 6 小组管理员：不是好像，是真的不一样。我来说明白些，老师打的 8 分，表示的是自己的分数，而平均分的 8 分，是五个评委平均的分数，不是哪个人评的分数。

师：不是哪个人的分数，而是整体的水平。

第 6 小组管理员：是的，我就是这个意思，现在明白了吗？

第 4 小组管理员：听明白了。

第 2 小组组长：（继续）如果老师打的分数小于 8 分，那么这个平均数是肯定会下降的。假如老师打 6 分。

师：老师用课件演示一下。"老师"打 6 分，平均分会是多少呢？大家看电脑演示。

生：平均由原来的 8 分下降成 7.6 分。

第 3 小组副组长：如果老师打 0 分，平均分还会更低。

师：啊！你安排老师打 0 分，如果这幅作品不是抄袭的，老师是不会打 0 分的。假如老师打 0 分，平均分会怎样变化？

第 3 小组组长：变小很多。我们验证一下，用 5 个人的分数除以 5，得 6.4 分。同学们要注意哦，是除以 5 不是除以 4，因为有 5 个人。

第 3 小组副组长：我想补充一点，用我的方法总结出一句话——如果是 8 分，平均数不会变；如果是 8 分以下，平均数就会变小；如果是 8 分以上，平均数就会变大。

第 3 小组组长：是的，如果老师打 9 分或者 10 分，平均数就变大，还要验证吗？

生：（齐答）不用。

师：平均数其实就代表这组数据的整体水平，所以它具有"代表性"。刚才说平均分 8 分并不是某个人的分数，8 分我们称它为"虚拟性"。我们还发现"老师"的打分会影响到整组的水平，我们称它为"敏感性"。看来，平均数具有代表性、虚拟性和敏感性。

---

**• 设计意图 •**

老师加入《最后的家园》作品评分，把真实情境进一步延伸，但老师打分的不确定性，为新平均数的不确定提供了现实的探究素材，让学生在真实的、复杂的、不确定性的情境中培养反省性思维，理解平均数的"代表性""虚拟性"和"敏感性"特征。这是一次实践与真知的学习历程，有效突破了教学难点。

---

**任务三**：对儿童乘坐列车免票标准的探究。

我国铁路部门对免票儿童标准进行了如下三次调整。

1997 年 12 月 1 日起施行的《铁路旅客运输规程》规定：免票儿童的身高为 1.1 米（含）以下。

2010 年 12 月 1 日起施行的《铁路旅客运输规程》规定：免票儿童的身高为 1.2 米（含）以下。

2023 年 1 月 1 日起施行的《铁路旅客运输规程》规定：免票儿童的身高为

1.2 米（含）以下，或者未满 6 周岁。

根据以上信息，请回答以下问题：

1. 免票儿童的身高标准 1.1 米是怎么来的？

2. 你发现儿童免票标准有什么不同？试分析发生变化的原因。

3. 如果你是铁路部门领导，2035 年会怎样制定免票标准？

小组互学后汇报。

第 8 小组管理员：我觉得这个 1.1 米是通过全国人口普查出来的，因为普查的时候会统计儿童的身高，然后再把这些数值加起来除以儿童的人数。

第 8 小组副组长：我觉得应该是因为 1997 年有的地方还没有铁路，就是先对有铁路的地方的儿童测身高，再算出平均数。大家同意我们的想法吗？

第 4 小组副组长：全国十几亿人口，儿童那么多，一个个抓过来测一下太麻烦了，我觉得应该是挑一些未满 6 周岁的儿童来测身高。大家同意吗？

第 7 小组副组长：有道理，我们小组刚才就是这样想的。我还有一点补充，挑的这些儿童还应该是不同地方的，这样比较公平。

第 7 小组组长：1.1 米就是不同地方挑一些儿童测身高求出来的平均数。

全班鼓掌。

师：我们来看第二个问题，你发现儿童免票标准有什么不同？

第 5 小组副组长：2010 年和 2023 年，免票儿童的身高比 1997 年的增加了 10 厘米，就是 1.2 米。第三次还增加了未满 6 周岁。

师：同学们知道这个变化的原因吗？

第 5 小组记录员：加了未满 6 周岁，我觉得是因为现在的小孩可能有的长得太快了，可能才 5 岁身高就 1.2 米。我的想法是，现在国家富强了，孩子吃的东西都很好，所以长得也比较快。

第 5 小组组长：是这样的，大家的生活越来越好，身高就越来越高，平均身高也就越来越高，所以才把 1.1 米改为 1.2 米。大家同意吗？

第 4 小组副组长：你刚才说的是身高变化，还有年龄加了未满 6 周岁，因为平均身高是整体水平，还有一部分是超过平均身高的，所以，不管多高，只要未满 6 周岁，都可以免票。

师：是啊，这体现了公平性，也体现了国家对儿童的关心、关怀。如果以实名制买票，6 周岁免票；如果没有实名制，就按照 1.2 米来计算免票。

师：看一下最后一个问题：如果你是铁路部门领导，2035 年你会怎样制定免票标准？

第 10 小组组长：如果我是领导，我会把身高再增加一点，因为那个时候国家肯定变得更加富裕了，小孩可能没几岁就已经长得很高了，可以把免票身高定为 1.3 米或者 1.4 米。

第 12 小组副组长：这是我们小组讨论出来的。我们还想把未满 6 周岁改成 8 周岁，因为人们的生活越来越好，以后大家都活 100 多岁，8 周岁已经算很小了。

第 11 小组组长：2035 年全国都实现现代化了，我们就可以增加一些福利，到时候可以全民免票。

大家鼓掌。

师："全民免票"，想法太好了，你是个有理想、有担当的时代新人！

● 设计意图 ●

这又是一个真实情境的素材。我国铁路部门对免票儿童标准进行了三次调整，第一个问题"免票儿童的身高标准 1.1 米是怎么来的"是考查学生对平均数代表性的理解，也是让学生进一步感悟平均数是一个抽样统计的量，是 1997 年抽取全国不同地区未满 6 周岁儿童的平均身高。三条信息一起分析，发现两个结论：一是未满 6 周岁儿童身高由 1.1 米变化到 1.2 米，分析原因是人们的生活条件越来越好，人的平均身高变高，感受到国家的富强，人民生活富裕，儿童营养好、锻炼好，才能变高。二是 2023 年的规定增加了未满 6 周岁，体现了"长高不是错"，是国家对儿童的平等关心、关爱。最有意思也是最有挑战的，是问题三：如果你是铁路部门领导，2035 年会怎样制定免票标准？前面两次调整标准都是相隔 13 年，按照这个规律，下次调整应是 2036 年。以 2035 年作为时间是有特殊意义，因为 2035 年是中国基本实现现代化的时间。不确定的情境为孩子们带来了无限的想象空间，但又不是天马行空，是对信息中身高和年龄这两个方面规定的迁移。有的学生会把身高定为 1.3 米或 1.4 米，理由是人们的生活越来越好，科学的发展使人们的营养更加均衡，儿童的身高还会不断长。有的学生把年龄放宽到 8 周岁，理由是随着社会、科技的发展，医疗保健在提高，人的寿命也会越来越长，应该把儿童的年龄段相应延长。还有的学生从爱心的角度思考，如残疾人免票、孕妇免票、老人免票等。更有孩子说出了 2035 年全民免票，听课的老师都为这个孩子鼓掌，我也马上夸这个孩子有理想、有担当。这不就是培养"有理想、有本领、有担当"的时代新人吗？这是孩子对国家经济发展带给人们普惠的坚定信心，这就是学科的育人价值所在。

整节课，学生通过三次真实情境的学习任务，"四人学伴"在确定与不确定的情境中思考、交流、对话，自主获取学科知识，形成能力，发展素养。

# 第三节　学科实践

《义务教育课程方案（2022 年版）》提出："强化学科实践。注重'做中学'，引导学生参与学科探究活动，经历发现问题、解决问题、建构知识、运用知识的过程，体会学科思想方法。加强知识学习与学生经验、现实生活、社会实践之间的联系，注重真实情境的创设，增强学生认识真实世界、解决真实问题的能力。"新方案所建构的学科实践是课程改革的逻辑必然，是对 2001 年新课程启动以来所倡导的"自主、合作、探究"学习方式的迭代发展，为素养时代回答如何实现育人方式的变革问题提供了新的范式。

## 一、学科实践的内涵

《义务教育课程方案（2022 年版）解读》一书指出：学科实践是指具有

学科意蕴的典型实践，即学科专业共同体怀着共享的愿景与价值观，运用该学科的概念、思想与工具，整合心理过程与操控技能，解决真实情境中的问题的一套典型做法。换句话说，学科实践就是学习"像学科专家一样思考与实践"，强调用学科特有的方式学习或获取学科知识。福建师范大学余文森教授认为：学科实践作为一种学习方式，强调"学科性"，要求用学科独特的方式方法学习学科知识，即用数学的方式学习数学，这就是我们平常所说的"学科味"。

对学科实践的理解至少有三个层面的内涵：第一，学科实践意味着学习方式的变革。作为学习方式，学科实践反对呆读死记和机械训练，强调学习应该面向真实情境，聚焦真实问题。第二，学科实践意味着教育观念的转变。对于教育观念，学科实践反对的是传统认识论取向的教育哲学。认识论哲学将知识看作可以直接学习和占有的对象，忽视知识内在的实践意蕴。学科实践要求我们从认识论哲学转向实践论哲学，从实践的视野重新理解课程知识，建设知行合一、开放包容的课程知识观。第三，学科实践意味着课程形态的创新。学科实践反对传统的学校课程以知识学习为主线，课程被窄化为教材，教学被窄化为讲课，评价被窄化为考试。学科实践是一种全新的课程形态，是落实新课程理念、实现育人方式的变革。

学科实践是探究学习的迭代发展。2001年新课改实施以来，"自主、合作、探究"理念得到广泛认同，并在实践中得到较为充分的体现，极大地推动了课堂转型，打破了过去"一言堂""满堂灌"的课堂形态。

《义务教育课程方案（2022年版）解读》指出：新方案提出的学科实践超越了知识传授的学习方式。学科实践既注重学科性，也注重实践性，学生在实践中学习学科，在学习学科中实践，因此强调学科实践并不是抛弃"知识"，而是以一定的学科知识储备为基础。没有知识的学科实践是浅层的、狭隘的，严格地说，在整个学校教育体系中是不存在的。但知识传授的学习本质是"重知轻行"，其主要目的是求知，以掌握一个个细小的知识点为目标，重视心理过程技能的训练，忽视操控或动手操作的实践学习。学生的主动性不强，且缺乏社会性互动。面对庞杂的学科知识系统，学生往往无法从碎片化的知识点学习中获得核心素养。学科实践更强调通过实践获取、理解与运用知识，倡导学生在实践中建构、巩固、创新自己的学科知识。学科实践对学生的主动性要求更高，并更加注重学生之间的社会性互动，最终实现求知和育人的统一。

新方案提出的学科实践是探究学习方式的迭代发展。探究学习的本意是模拟学科专家进行科研的过程，虽然不要求学生通过探究获得全新创见，但希望通过探究的过程让学生理解、运用和应用知识。从这个意义来说，探究学习本质上也是一种实践形式。学科实践并不是对探究学习的否定和取代，而是体现了人们对学科教育理解的进一步深化。学科实践强调真实的探究，体现学为中心的学习方式，是探究学习的迭代发展。

## 二、真实情境的学科实践

《义务教育课程方案（2022年版）》指出："注重真实情境的创设，增强学生认识真实世界、解决真实问题的能力。"这里的三个"真实"，强调了学科实践是基于真实情境，为学科实践中的情境创设指明了方向。

《课标2022》将数学核心素养概括为"三会"：会用数学的眼光观察现实世界，会用数学的思维思考现实世界，会用数学的语言表达现实世界。这"三会"都强调了数学与"现实世界"的紧密关系，指向了数学教育向现实真实情境的回归，也回应了《义务教育课程方案（2022年版）》对"真实情境"的要求。

从新方案和新课标的要求来看，学科实践应该紧密结合学生的生活环境来设计真实情境，引导学生从自身的生活环境出发，诠释和理解知识的存在意义。虽然教材中有情境创设，但是有些情境是在帮助学生理解知识，是高度简化的，还可能是脱离生活实际的，知识的本质仍然被视为是抽象的、去情境化的。学科实践则认为，知识内在地具有情境性，知识的学习不能简化为抽象的逻辑推理。杜威对此有深刻的论述，他区分了"形式的思维"和"实际的思维"。有些情境脱离学生生活实际，给学生呈现的是确定性的，培养的是确定性思维，即形式思维。但是实际的生活情境是复杂的、不确定的，"实际思维是从处于思维以外的、其本身尚未确定的情境中产生的"。杜威指出，面对真实的、复杂的、不确定性的情境，我们需要的是反省性思维，而不是简单的形式思维。卡林·诺尔 – 塞蒂纳也指出，科学知识是在复杂的实践情境下生产的，科学家不仅是"认知的推理者"，更是"实践的推理者"。杜威的"反省性思维"和塞蒂纳的"实践的推理者"都表明，学科实践所理解的情境是指真实的、复杂的、不确定性的情境，而不是传统教育意义上的简化情境、虚假情境。学科实践对真实情境的强调，旨在培养学生面对不确定性、复杂性情境的高阶认知能力。因此，创设真实而有意义的学习情境是实现学科知识意义增值的关键。真实可以指向现实生活的真实问题情境，也可以指向符合学科认知和生活逻辑的虚拟情境。

比如，《课标2022》将"统计与概率"领域在小学三个学段的主题调整为"数据分类""数据的收集、整理与表达"和"随机现象发生的可能性"，重点强调"数据的处理"。收集、整理与表达是数据处理的主要方式，更有助于学生数据意识的形成。学生在真实情境中收集数据，更能激发学生整理与表达的欲望，更好地发展数据意识的核心素养。

## 小学数学六年级下册《统计图表的整理与复习》教学设计

（执教者：厦门海沧延奎实验小学　易增加）

## 一、磨课心得

### （一）起点

学生对分散在不同年级的统计知识已有一定的掌握，对每个知识点的内容能合理表达，但缺乏整体认知。学生学习统计知识更重视统计图表中的数字计算和绘图技能。在磨课中，学生对绘制统计图表在方法上都没有多大问题，只是有快慢之分。学生对数据的分析、预测的观念还是薄弱的，难以从丰富的信息中发现隐含的信息，进而作出合理的判断。学生在统计图表的问题意识及解决问题的策略上也存在一定的差异。

### （二）终点

对统计知识有较系统的认识，形成知识网络体系。通过整理与复习，最终达到发展学生数据意识和应用意识的目的。

### （三）过程与方法

经历数据收集、整理与表达的全过程，灵活地选用合适的统计图来表示信息。利用丰富且相关联的统计图表信息，引导学生发现问题、提出问题、分析问题、解决问题，并作出简单的预测及提出解决问题的策略。课堂突出分析真实数据，以三种统计图为载体，同时补充丰富的信息资料，通过师生对话、生生对话等形式，让学生对统计图表中所隐含的信息能作更全面且深入的分析，从而提升学生的数据分析能力和应用能力。

## 二、教学目标

1. 通过对统计知识的整理与复习，深化统计图表的特征认识，建构统计的知识网络体系。

2. 经历数据收集、整理与表达的全过程，能从统计的角度思考与数据信息有关的问题，发展数据意识。

3. 利用丰富的统计图表信息，能合理述说数据分析的结论，根据结果作出简单的判断和预测，发展应用意识。

4. 体会数学与生活的紧密联系，形成尊重事实、用数据说话的态度，形成科学的世界观与方法论。

## 三、教学重难点

教学重点：经历数据收集、整理与表达的全过程，发展数据意识和应用意识。

教学难点：灵活选择合适的方法解决问题，能根据图表信息作出简单的判断和预测。

## 四、教学过程

### （一）经历数据分析全过程，发展数据分析观念

1. 收集数据。

师：咱们六（5）班的同学们在课前进行了 1 分钟跳绳的测试，老师把你们的成绩按男生和女生分别统计出来。怎样比较男生和女生谁的成绩更好呢？

2. 整理数据。

（1）预测学生算平均分比较。

教师用电脑现场计算男生和女生的平均分，通过平均分比较谁的成绩更好。学生对比平均分，产生了分歧，因为小学生体育项目测试中男女生跳绳的评价标准不一样。

思考：既然用平均分比较男生和女生的成绩不合适，可以用什么形式比较呢？

（2）预测学生用等级比较。

教师出示男女生跳绳成绩等级表（见下表）。

| 等　级 | 优秀 | 良好 | 合格 | 不合格 |
|---|---|---|---|---|
| 男　生 | 147 个以上 | 135~146 个 | 65~134 个 | 64 个及以下 |
| 女　生 | 152 个以上 | 136~151 个 | 66~135 个 | 65 个及以下 |

各组小组长现场统计各等级的人数，制作成统计表（见下表）。

| 等　级 | 优秀 | 良好 | 合格 | 不合格 | 合计 |
|---|---|---|---|---|---|
| 男生人数 | 2 | 4 | 18 | 3 | 27 |
| 女生人数 | 3 | 4 | 19 | 0 | 26 |

思考：观察收集到的数据，如何用统计图来表示？如果要制作成统计图，用什么统计图合适？为什么？

教师现场制作条形统计图和扇形统计图（见下图）。

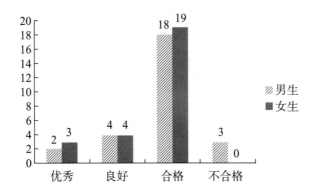

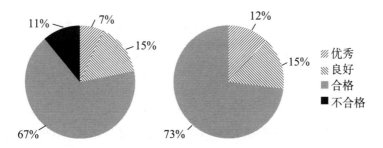

思考：可以制作成条形统计图，也可以制作成扇形统计图，为什么不制作成折线统计图？

3.分析数据。

根据条形统计图，分析男生和女生的成绩。

上面的两个扇形统计图，哪个统计图表示男生的成绩？试着分析男生和女生1分钟跳绳的成绩。

4.预测成绩。

六（5）班的女生比较少，如果允许女生请一个外援，一定能提高女生的成绩吗？

教师出示两名女同学近期7次1分钟跳绳的成绩（见下图），应该挑哪个同学作为外援？为什么？

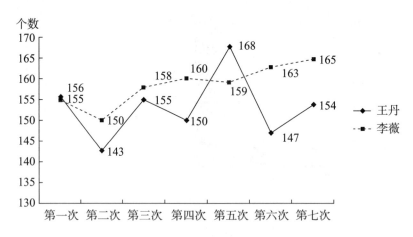

（二）梳理知识，建构知识网络体系

　　根据所复习的统计知识，整理出统计的知识网络图（图略）。

（三）分析数据，发展学生的应用意识

　　1.分析最喜欢的运动项目情况。

　　根据课前同学们的个人调查表数据，如果把同学们最喜欢的运动项目情况制作成统计图，什么统计图合适？

学生完成条形统计图制作（见下图）。

思考：在图中，你发现了什么信息？

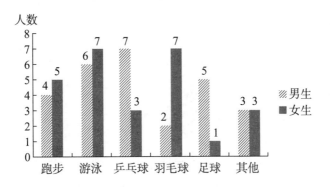

2. 分析中国足球现状及校园足球的发展状况。

师：你们知道老师最喜欢什么体育项目吗？老师最喜欢足球。你们知道哪些世界或国内足球明星？目前全世界哪些国家的足球水平比较高？

2022 年世界足联公布了一组数据，即各国足球注册球员人数，我们从中选择了一部分数据（见下表）。在表中，你读懂了什么信息？

| 国　　家 | 德国 | 巴西 | 乌拉圭 | 中国 | 西班牙 | 伊朗 |
|---|---|---|---|---|---|---|
| 人数（万人） | 630 | 214 | 75 | 71 | 68 | 45 |

师：用什么统计图更容易比较各国足球注册人数的比例？［出示世界部分国家足球注册人数与本国总人数的占比情况统计图（见下图）］你读懂了统计图中的哪些信息？

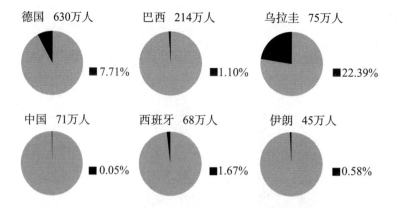

德国 630万人    7.71%
巴西 214万人    1.10%
乌拉圭 75万人    22.39%
中国 71万人    0.05%
西班牙 68万人    1.67%
伊朗 45万人    0.58%

师：振兴中国足球需要从青少年抓起，[出示全国校园足球特色学校发展情况统计图（见下图）]综合分析统计图中的数据，你对中国足球发展有什么建议？

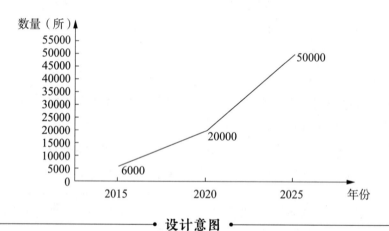

数量（所）

55000
50000    50000
45000
40000
35000
30000
25000
20000    20000
15000
10000
5000    6000
0
     2015        2020        2025    年份

● 设计意图 ●

　　本环节以真实情境呈现，目的是提升学生的数据意识，培养他们发现问题、提出问题、分析问题、解决问题的能力。通过两个统计图，学生能充分表达和感受数学与生活的紧密联系，体验应用数学知识解决实际问题的价值，渗透了足球梦的价值引领。

**（四）总结内化，提升统计应用意识**

通过本节课的学习，你对统计表和统计图有哪些新认识？

1. 在真实情境中突出数据处理的基本过程。

重视引导，让学生在统计活动的全过程中学习有关统计的知识和方法，而不是"只见树木，不见森林"，避免仅把目光盯在统计的某个具体环节或知识点上。教学设计以数据处理的基本过程为线索，在反映整体过程的前提下，在数据的收集、整理与表达中帮助学生建立对统计思想和统计基本过程的整体性认识。

2. 在真实数据中感悟数据分析的统计意义。

统计观念反映的是由一组数据所引发的想法、能推测到的可能结果，以及自觉地想到用统计的方法解决问题等，是在亲身经历统计活动的过程中培养出来的一种感觉。动手处理数据并展示自己的成果是一个活动性很强，并且充满乐趣的过程。教学中，教师通过课前跳绳、调查、现场制图、现场表达等活动，提高了统计的真实性，也让学生感受到信息化时代、大数据时代对统计的帮助。课堂上，师生、生生、生本、人机等多形式的活动，使得学生在真实的数据分析中解决真实的问题，形成了知识体系，发展了数据意识和应用意识等核心素养。

## 三、问题导向的学科实践

学科实践是指基于问题导向开展实践学习。学科问题作为融合学科观念、知识结构、思维逻辑和思想价值的载体，承载着复杂的学习情境、知识多维属性以及师生的多元互动。在问题解决过程中，学生经历真实的学习过程，优化学习方式。有价值的学科问题能够让学生实现从文字符号到客观事物、学科知识到思维过程、科学世界到生活世界的多次转化，并诱发学习者认知、情感和行为的全方位投入。学科实践需要真实性的学科问题来展现学科内容的丰富性，以关涉知识理解性问题、学科思想或思维挑战性问题、价值观辨析或情感体验性问题，来揭示有关逻辑与理性的问题、历史与文化的问题、德性与智慧的问题、情感与审美的问题以及社会与生命的问题，在结构化和脉络化的问题探究与解决过程中充分表达知识的多维属性。

## 羊能吃多大面积的草地

（执教者：厦门海沧延奎实验小学　石碧琼）

### 一、教材分析

《羊能吃多大面积的草地》是"圆的面积"内容的一节拓展课，涉及的知识不仅有圆的面积，还包括圆的特征中的定点（圆心）和定长（半径）。学习内容是"建筑物墙角处拴了一只羊，羊能吃多大面积的草地"。通过变化拴羊的绳子长度，学生能灵活根据实际问题，找到定点和定长，找到解决问题的策略，从而进一步内化有关"圆"的知识，提升解决问题的能力。

### 二、学习目标

1. 能通过观察、比较、想象，解决和圆的面积有关的较复杂的实际问题。

2. 在解决实际问题的过程中，通过独立思考、合作探究、讨论交流等活动，培养学生分析问题和解决问题的能力。

3. 通过体验图形和生活的联系感受数学的价值，提升学习的兴趣，培养几何直观、空间观念、应用意识等核心素养。

### 三、教学重难点

教学重点：能根据圆的定点和定长特征解决实际问题。

教学难点：会根据变化的条件灵活应用知识解决问题。

### 四、教学过程

师：今天这节课我们一起来研究一个有趣的问题——"羊能吃多大面积的草地"。

问题一：一座建筑物墙角处（O点）拴了一只羊，拴羊的绳长1米，这只羊能吃到多大面积的草地？（建筑物平面图见下图）

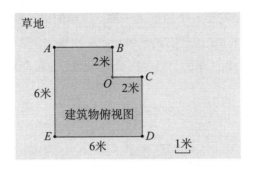

草地

建筑物俯视图

师：想象一下，羊能吃到的这块草地长什么样子呢？请描述或演示。

生：墙长为2米，绳长为1米，因为绳长小于墙长，羊只能在这个区域活动，这个角为90°，所以羊以绳长1米为半径，以墙角O点为圆点，可以吃出一个四分之一圆。

师：同意吗？想象一下，如果绳子长一点，羊能吃到的草地又会是什么形状呢？再长一点呢？绳子长到4米，有画面了吗？

**问题二**：一座建筑物墙角处（O点）拴了一只羊，拴羊的绳长4米，这只羊能吃到多大面积的草地？（建筑物平面图见上图）

师：请大家拿出学习单，试着把这块草地的样子画出来，并计算出它的面积。

学生先独立思考，然后四人小组交流，达成共识，进行汇报。

组1：我们小组刚开始的想法是直接以绳长4米为半径，画出这样的一个图形（见下图）。

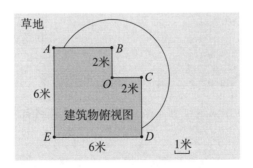

草地

建筑物俯视图

但经过讨论，我们发现羊是不可能通过这种方法吃到草的，因为有建筑物，所以绳子不能直接从建筑物穿过。根据实际情况，羊首先会以点O为圆心，绳长 4 米为半径吃出一个四分之一圆，当羊的绳子遇到 $B$ 点或 $C$ 点，也就是墙角时，如果再往左或往右走，绳长会发生变化，被墙截断 2 米，剩下 2 米，接着各吃出一个以 2 米为半径的四分之一圆，加起来就是二分之一圆（见下图）。

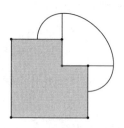

组 2：我有补充，我们小组也是有这两种不同的想法，最后也是达成这种共识，我想演示一下。大家看过来，羊首先以绳长 4 米为半径吃出一个四分之一圆，也就是 $4\pi$。接着继续往左走，遇到墙角 $B$，这里有个拐角，绳子得拐弯，于是变成以点 $B$ 为圆心、绳长 2 米为半径，又可以吃出一个四分之一圆。同样地往右走，在 $C$ 点处也遇到拐角，圆心和半径发生变化，以点 $C$ 为圆心、绳长 2 米为半径吃出一个四分之一圆。但我又发现这两个四分之一圆能组成一个半圆，所以得到面积为 $2\pi$，再把两部分相加就是 $6\pi$。

师：感谢你们的分享。我们一起来看看，同样是一根绳子拴在建筑物的 $O$ 点，绳长从 1 米增加到 4 米，羊能吃到的草地是这样的（出示下图）。

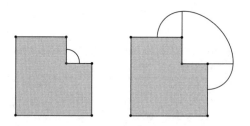

**问题三**：绳长从 1 米增加到 4 米，解决问题的思路有发生变化吗？为什么发生了变化？

组 1：第一次因为绳子是 1 米，所以羊只能在这个范围吃草；第二次绳子已经超过墙长，所以羊在吃草的过程中会拐弯继续吃。

组 2：第一次绳长小于墙长，羊吃到草地的面积只有以绳长为半径的四分之一圆；第二次超过墙长，除了以绳长为半径的四分之一圆，经过拐弯的地方，绳子的长度发生变化，继续吃两个以 2 米为半径的四分之一圆，也就是二分之一圆。

师：4 米长的绳子在 $B$ 点和 $C$ 点处转弯，所以羊吃到草的面积包含了几部分，这里涉及圆的什么知识？

组 3：羊能吃到草的面积涉及定点和定长，定点（圆心）确定圆的位置，定长（半径）确定圆的大小。

**问题四：**当绳长超过几米时，解决问题的思路会再一次发生变化？为什么？试着把你的想法写一写。

学生先独立思考，然后四人小组合作交流，进行汇报。

组 1：线段 $AB$ 是 4 米，$BO$ 为 2 米，$AB+BO$ 就是 6 米。当绳子超过 6 米之后会再次发生变化。我们来看，当绳子为 6 米时，羊能吃到 $A$ 点的草，此时羊吃到的草地的范围就是下图这样的。

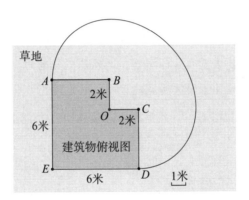

当绳长超过 6 米之后，绳子在 $A$ 点、$D$ 点处会再遇到拐角，这时绳子再继续弯折，多出一部分，以多出的部分为半径再继续吃草。

组 2：我同意你的想法，绳子超过 6 米，比如说绳长为 7 米时，羊吃出的草地范围在 $A$、$D$ 点会再次发生变化，会多出两个以 1 米长为半径的四分之一圆，相加就是二分之一圆。

师：一个拐点带给我们这么多思考，这就是数学的魅力所在。感谢大家的分享。回顾我们今天的学习，你有什么收获？

组 1：我的收获是在解决"羊吃草"问题时一定要注意绳长和墙长。

组2：我的收获是在解决"羊吃草"问题时一定要注意绳子是否遇到障碍物，也就是拐角，如果遇到，就需要重新确定圆心和半径。

**问题五：** 如果继续研究"羊吃草"的问题，你还想研究什么样的问题？

生：我在想如果建筑物的形状不一样，羊又是怎么吃草的？

生：如果草地在建筑物里面，羊能吃到的草地又会是什么形状？

师：真是会思考的孩子！带着这些问题，我们课后继续研究吧。

---

**· 点 评 ·**

这是一堂有趣的学科实践课。学生围绕问题展开探究，绳长从1米增加到4米，羊吃到的草的面积包含三个部分，指向知识的本质是如何确定圆心和半径，是应用圆的知识灵活解决问题。而"当绳长超过几米时，解决问题的思路会再一次发生变化？为什么？"是一个开放的问题，其本质是通过方法的迁移，形成此类问题的一般解决方法，形成解决问题的策略。课末又抛出"还想研究什么样的问题"，把问题延伸到课后，再次激发学生实践的热情。这种基于问题的探究，在探究实践中积累经验，形成灵活解决问题的策略，就是问题导向的学科实践价值所在。

## 四、聚焦本质的学科实践

聚焦学科实践是发展数学核心素养的路径。一方面，学科知识的产生与发展来源于人类实践，基于核心素养的小学数学教学就是要引导学生还原数学知识的产生与发展背景，借此形成从实践到认识，再从认识到实践的探索能力；另一方面，学科素养是一种超越知识技能的综合表现，学生不仅需要理解知识，还需要迁移和应用知识，即将知识用于实践才能形成素养。

理解数学本质是发展数学核心素养的前提。数学的本质特点既包含了现实性，也包含了抽象性；既有直觉作用的要素，又有逻辑保障的成分；其表征具有形式化的特点。可见，对数学本质的理解包括对数学知识的来源、发展以及运用的理解。

第一，学生对数学知识来源的理解可以促进数学抽象素养的培养。就基础教育数学而言，绝大部分数学知识是对现实世界的原型抽象。亚里士多德认为，数学是搞抽象概念的，而抽象概念来自具体事物的属性。数学知识也是实物的属性，他们必须借助抽象思维才能为人们所认识。因此，学生在实物与数学对象之间建立起的关联，可以促成学生对知识来源的理解，也为其数学抽象能力的形成提供了土壤。

第二，学生对数学知识发展的理解促进了逻辑推理与直观想象素养的形成。一方面，数学对象产生以后，获得了一定的自由，不再受制于现实世界的实物关于"质"的约束，但是受制于逻辑运行的规则以及数学创造过程中直觉的非逻辑规则，在组织数学理论的过程中也必须遵循逻辑法则。学生对数学知识之间逻辑关系的意识与领悟，为逻辑推理素养的形成提供了支撑。另一方面，数学直觉是选择和发明数学成果的出发点与标准。庞加莱认为，数学的发明就是要在数学事物无穷无尽的组合中选择有用组合，抛弃无用组合，从而获得数学上的新成果。在选择过程中，起关键作用的就是数学家的直觉。因此，对数学知识创造过程的理解，有助于学生更好地认识直观想象的价值，最终促成直观想象能力的形成。

第三，学生对数学知识运用的理解促进了数学建模、数据分析与数学运算素养的形成。数学理论的检验标准之一就是数学应用的效力。学生将数学知识运用于确定性问题与随机性问题的过程，涵盖了数学建模，也涵盖了数据分析与数学运算。因此，对数学知识运用的认知有利于学生数学建模、数据分析与数学运算素养的培养。

可见，对数学本质的理解是学生发展数学核心素养的必要条件。数学教学要关注知识的源起、发展、价值、意义以及学科的内在本质和规律，引导学生在学科实践中理解世界和分析问题，形成学科意识和思维习惯。

# 人教版小学数学五年级下册《分数的产生和意义》教学设计

（执教者：厦门海沧延奎实验小学　易增加）

## 一、教材分析

在小学数学里，认识分数是学生对数的概念的一次重要扩展。分数有两个属性：一个是表征关系，另一个是表征数量，就是量和率。三年级上册"认识几分之一"的教学已经增加了把一些物体看作一个整体的内容，还加入了在情境中解决一些简单的实际问题。但三年级强调用分数表示关系，忽视了用分数表征数量的属性，以至于学生在五年级的学习中，对于量和率分不清楚，对分数意义理解不完整，直接影响了用分数乘除法解决问题的学习效果。五年级下册中的"分数的意义"内容，教材从揭示产生分数的现实背景出发，帮助学生领会分数的含义，理解分数的概念。《分数的产生和意义》是整个单元学习的重点，也是单元的"种子课"。学好、理解好本课的分数意义本质，对后续系统学习并应用分数知识解决实际问题具有重要的意义。

## 二、学情分析

在三年级上册的学习中，学生已借助操作、直观的方式，初步认识了分数。学生对本课的学习建立在已有的知识经验和生活经验基础上，使新旧知识相互融合，对分数的意义形成系统的理解与掌握。由于学生个体思维以及抽象概括能力的差异，他们对单位"1"和分数单位两个新概念的理解存在一定难度。因此，在本课的教学设计上，应突出新旧知识间的连贯与生长点，在丰富的情境中不断理解和应用分数的意义。

## 三、学习目标

1.通过动手实践、归纳等过程理解分数的意义和分数单位，借助情境了解分数的产生。

2.在问题情境中，通过交流、对话，培养学生的抽象、概括能力。

3.体验分数在日常生活中的广泛应用，感受数学知识的应用价值，培养数感、应用意识等核心素养。

## 四、教学重难点

教学重点：理解并掌握分数的意义。

教学难点：对单位"1"的理解。

## 五、教学过程

### （一）情境导入，感受分数

如下图所示，3个小朋友都吃了不同量的月饼，看图说一说，写一写。

---

• 设计意图 •

---

"分数的产生和意义"中，教材中的相关例题和习题都避开了假分数，而这对于学生理解分数的意义是不利的，会造成"假分数又是一个新的数"的错觉。为了让学生整体认识分数，本节课创设了生活中常见的吃月饼的情境，让学生根据生活经验，直观看出小颖吃了 $\frac{3}{4}$ 块月饼，或者说是1块月饼的 $\frac{3}{4}$；小敏吃了 $1\frac{1}{4}$ 块月饼，或者说是 $\frac{5}{4}$ 块月饼，还可以说是1块月饼的 $\frac{5}{4}$。一个现实生活中吃月饼的情境，勾勒出分数表征数量和表征关系的两个属性，表达出真分数和假分数的类型，让学生初步感受分数的内涵。

## （二）开放表达，感受整体与部分的关系

在下图的括号里写出一个数，并说说你是怎样想的。

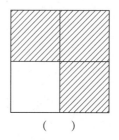

（　　　）

---

**设计意图**

学生利用三年级学过的知识，最直接的答案是 $\frac{3}{4}$，这是把整个大正方形看作一个整体，阴影部分占整个图形的 $\frac{3}{4}$，这是正常的思维表现。教师此时要进一步引导：还可以把哪部分看作"一个整体"，也可以得到一个新的数？学生的思维在相互碰撞中不断发散：如果把空白的一个小正方形看作"一个整体"，阴影部分是 3，空白部分是阴影部分的 $\frac{1}{3}$。开放的思维让学生理解"一个整体"不一样，每一份所表示的分数也不一样，同时感受到分数既可以表示部分与整体的关系（包含关系），也可以表示两个数量的关系（并列关系）。

---

## （三）实践活动，理解分数

1. 画图表示 $\frac{3}{4}$。

预设：学生画圆形、正方形、线段、4 个圆形、8 个圆形……表示 $\frac{3}{4}$。

观察并思考：

（1）为什么都可以用 $\frac{3}{4}$ 表示？

（2）每人画的图形不一样，为什么都是 $\frac{3}{4}$？

2. 借助数轴，理解分数的意义。

思考：$\frac{3}{4}$ 既然和"一个整体"没有关系，能否用一个简单的图形来表示 $\frac{3}{4}$？

结论：一条线段表示一个整体，把这条线段平均分成 4 分，每一段都是这条线段的 $\frac{1}{4}$，3 个 $\frac{1}{4}$ 就是 $\frac{3}{4}$。如果把这条线段看作一个标准、一个单位，那么这条线段就是单位"1"，在这条线段的右边不断延伸单位"1"，就得到一条数轴。在这条数轴上，可以表示整数、分数。

3. 说一说：什么是分数？什么是分数单位？

---

**· 设计意图 ·**

本环节充分利用了学生的知识基础和生活经验。概念的概括由学生总结得出，以递进式的数形结合学习活动——画图表达 $\frac{3}{4}$，为什么都可以用 $\frac{3}{4}$ 来表示，怎样在数轴上表示分数——概括分数的意义和分数单位。学生在观察、想象、操作中理解了在进行测量、分物或计算时，往往不能正好得到整数的结果，这时常用分数来表示。分数是表示几个几分之一，其本质是理解"单位 1"和"分数单位"。

---

## （四）拓展应用，内化分数

1. 下面哪些图形中的涂色部分可以看作整个图形的 $\frac{1}{3}$？请说明判断的理由。

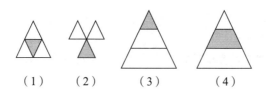

（1）　　　（2）　　　（3）　　　（4）

水平一：学生能够清楚地说明图（1）表示的不是 $\frac{1}{3}$，而图（2）中的涂色部分可以看作整个图形的 $\frac{1}{3}$，但对图（3）和图（4）中的涂色部分是否可以看作整个图形的 $\frac{1}{3}$ 存在一定的模糊认识。

水平二：学生能够从"是否把原图形平均分"的角度，给出图（3）和图（4）中的涂色部分不可以看作整个图形的 $\frac{1}{3}$ 的判断，尽管他们对图（4）的判断是错误的。

水平三：学生能够通过把图（4）作进一步的分割（如下图），认识到图（4）中的涂色部分其实也可以看作整个图形的 $\frac{1}{3}$。

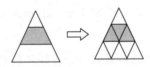

本题是分层评价学生对分数意义知识层面的理解，是检测学生解决实际问题的能力。

2. 估分数。

小明现在头部的高度约占身高的几分之几？（图略）

答案是 $\frac{1}{8}$。

小明童年头部的高度约占身高的几分之几？（图略）

答案是 $\frac{1}{7}$。

为什么小明现在和童年不同时期的头部高度占身高的几分之几不一样？

3. 阅读下面信息。

根据联合国的标准，一个地区 65 岁及以上老人达到总人口的 $\frac{7}{100}$，这个地区就被视为进入老龄化社会。

1999 年，我国 65 岁及以上人口约占总人口的 $\frac{76}{1000}$。

2023 年，我国 65 岁及以上人口约占总人口的 $\frac{154}{1000}$。

据预测，到 2035 年，我国老龄人口将达到总人口数的 $\frac{3}{10}$。

根据以上信息，回答下面问题。

（1）每个分数各表示什么意义？

（2）从分数变化可看出什么信息？

（3）结合我国人口发展趋势，你有什么好的建议？

# 第四章 · 评：育人本位科学评

　　要发挥评价的育人导向作用，坚持以评促学、以评促教。育人本位科学评要丰富评价方式，通过课堂观察聚焦学，观察目标达成、学习行为、教学行为和互动行为，促进学习方式的变革；通过单元作业突出联，以大单元视角设计关联知识、能力、素养的练习，了解学生的学习成效；通过试题命制指向育，依据学业质量标准考试，为评估教学质量、改进教学提供参考。无论采取何种评价方式，它们都是科学地综合考查"四基""四能"，发展核心素养，实现学科育人价值。

## 第一节　课堂观察聚焦学

　　课堂是落实课程要培育的核心素养的主渠道。师生每天都和课堂打交道，有的老师不管教哪个班级，都会教得很好，学生喜欢，家长巴不得让这位老师教到孩子毕业。这就是课堂对学生和家长产生的魅力。显然，不同的课堂是有差距的。如何评价一节课是好还是不好，很难用一个统一的标准来衡量。叶澜教授认为，一堂好课没有绝对的标准，但有一些基本的要求，大致表现在五个方面：有意义，即扎实；有效率，即充实；有生成性，即丰实；常态性，即平实；有待完善，即真实。这就需要有一种基本的素养导向，引领着教师不断改进和提升，最终实现理想的好课。

《义务教育课程方案（2022 年版）》指出："创设以学习者为中心的学习环境，凸显学生的学习主体地位，开展差异化教学，加强个别化指导，满足学生多样化学习需求。"《课标 2022》指出："通过丰富的教学方式，让学生在实践、探究、体验、反思、合作、交流等学习过程中感悟基本思想、积累基本活动经验，发挥每一种教学方式的育人价值，促进学生核心素养发展。""发挥评价的育人导向作用，坚持以评促学、以评促教。""可以通过课堂观察了解学生的学习过程、学习态度和学习策略。"从新方案和新课标中，我们可以看出，"转教为学"是新一轮课程改革的方向，只有选择以学生发展为本，充分发挥学生主体作用，采取引发学生思考的启发式、探究式、参与式、互动式的教学方式，才能促进学生主动、生动发展，促进核心素养的发展。可见，课堂最大的改变是教师要把时间、空间还给学生，让学生个人探究、小组合作、生生互动。因此，课堂观察的重点不再是指向教师的教学水平，而是分析学生的学习过程和质量，以及影响学习过程和质量的因素。教师的教学被看作重要的影响因素之一，但它不再是观察的重心，学生的学才是课堂观察的重心。

# 一、立课堂观察点

想要聚焦"学为中心"的课堂，选择合适的课堂观察点尤其重要。我们要从传统的共性观察点出发，以学习为中心聚焦学生"学"的过程，以此诊断、改进课堂教学。

## 1. 课堂共性观察点

课堂观察有哪些共性？通过问卷调查，结合日常评课，我们发现大概有以下方面：是否树立了正确的教育理念，教学目标是否明确、合理，是否达成了学习目标，教学设计是否科学、合理，资源选择和应用是否恰当，起点和深广度是否合理，任务是否驱动思维，学生是否认真聆听，参与学习的方式有哪些，参与面、参与度如何，课堂互动是如何进行的，不同层次学生学习状态如何，能否掌握学习方法，评价是否具体且有激励性，教学基本功是否扎实，是否存在科学性错误，是否具有教学机智，媒体运用是否恰当，板书是否合理……从这些共性观察点可以看出，观察的维度很全面，反映了教、学、评的全过程。

### 2. "学为中心"课堂观察的特征

课堂学习既有内隐的认知过程，又有外显的认知活动。"学为中心"的课堂观察需要我们深入了解学生的学习，每一个观察领域都需要在深入理解学习及影响学习的关键要素的基础上，提出可行的观察方案，并进行深入分析。"学为中心"的课堂观察有如下四个特征。

（1）理解学生的学习。

观察的前提是承认每一个学生的学习是独特的个性化过程。学生的学习能力是教师"因材施教"的根据，真正的"因材施教"建立在承认并理解这些多样化的、朴素的认知观念和图式基础之上。了解学生、了解学生的学习过程，是教师专业发展的基础。我们需要直面学生的多样化学习需求，才能为"学生"教学，而不是成就"我"的教学。

（2）获取学习的数据。

如何获取学生真实的学习数据？这和教师听课时与学生的距离有关。想象一下，如果学生在一个大礼堂的台上上课，教师坐在台下的观众席上观课，看到的只能是学生的身影，这样的观察根本达不到效果。因此，"学为中心"的课堂观察中，教师必须坐在学生的周围，甚至坐在学生的身边，这样才能观察到学生个人及小组学习的真实状况，掌握真实的数据。

（3）观察认知的因素。

学习是一个整体，认知学习是学习的重点，但却不能独立存在。如果只关注认知学习，而不观察与之相关联的要素，那么，课堂改进很难发生。课堂上，学生的注意力会分散。如有人慢慢地做起了小动作，有人心不在焉地东张西望，有人强迫自己努力听课但必须费很大的劲才能领会到一点点东西。出现这些现象的原因是什么？我们总会将其简单地归为教师不会管理课堂纪律。但真的是这样吗？因素应该有很多，但最重要的因素是教师的讲解。教师本身思路混乱，表达含糊不清，就必然会在学生的头脑里造成混乱，以致听课费劲、走神、讲话、做小动作，课堂效率必然低下，更不用谈建立"学为中心"的课堂了。因此，课堂观察时，教师要将认知学习与影响学习的因素结合起来。

（4）基于证据的推论。

"学为中心"的课堂观察要掌握学习证据。什么是学习证据？证据的基本特征是：必须能帮助人对他人能力、个人特征作出明确的推断；必须充分、真实、恰当和准确。课堂观察的一个重要品性不仅是获得数据，而且是解释数据，解释这些数据对教师专业成长和学生学习的意义，运用这些数据发现教师教学的不足和学生的学习起点与特点，从而制订有针对性的改进方案。

## 二、设计观察量表

传统的听评课是教师拿着听课本，坐在教室后面记录，认真的老师是用红、黑两支笔记录着课堂教学过程及个人的听课感悟与评析。这种样态的听评课更多关注的是教师怎么设计教案、怎么讲解知识、怎么引导学生学习、怎么运用教学手段和方法、怎么突出知识的重难点，往往忽视了学生，忽视了学生怎么学习的过程。这样的听评课方式已经不再适应新课程的改革，不能体现学生个性化学习的历程。如何通过课堂观察，记录学生的话语、行为、表情、互动，以充分的信息、数据来分析和诊断学习的过程呢？这就需要借助观察工具，如课堂观察量表、问卷调查表单、人工智能（AI）课堂评价分析系统等，以科学的观察工具分析、诊断课堂教与学的科学性、有效性，推进课堂教学的变革。

## 1. 学习心境的调查

心理学家认为：学会保持最佳心境，就能自由自在地畅游于社会和生活的海洋中。如果学生能够保持最佳心境，就能在学习中畅游。心境愉快和思维紧张是辩证的统一体，二者如果实现最佳组合，学生必将取得高效的学习效果。如果学生始终以积极而愉快的心境对待学习，再难的问题也会觉得有乐趣。我们评价学生的学习心境时，所要注意的主要是学生愉快心境保持的时间、变化的原因、影响学习效益的程度。

对学习心境的调查，我们可以采用问卷调查的方式。

### 学生学习心境调查问卷

姓名：

1. 你认为自己在课堂上能坐得住吗？是什么吸引你坐住的？你能一直坚持听课吗？是什么原因影响了你？

2. 你觉得学习重要吗？你觉得自己为什么要学习？你在上课时有过思想开小差的情况吗？

3. 你看到同学回答问题很精彩，比自己强时，有什么想法？

4. 你上课时喜欢跟同学合作吗？如果轮不到自己发言，你有什么看法或意见？

5. 面对课堂上自己很好的表现或失败，你是怎么处理的？

教师得到调查信息后，在自我反思的基础上，还要教会学生进行自我反省，使之善于调整个人情绪，正确处理与同学以及老师之间的关系；教学生明白获得最佳心境最重要的是自我心理平衡，胸襟坦荡，用积极的态度去化解矛盾。

## 2. "四何问题"的评价

在从"教"向"学"的转变中，教师作为组织者和指导者，如何以问题为导向，帮助学生建立起对学科关键概念的正确认知并灵活应用，促进学生深度理解，将是提高课堂质量的关键。美国学者伯尼斯·麦卡锡博士结合心理学、脑科学研究和体验学习理论，发展了"4MAT"教学模式（又称自然学习模式）。麦卡锡博士根据人们处理信息的方式将学习过程主要分为为什么（why）、是什么（what）、如何用（how）、又能如何用（what if）四个部分。这四个问题形成一个循环，是学生在学习一个概念时需要经历的过程，反映了外显与内隐、反思与体验、形象与抽象、左脑与右脑统一的特点。学生通过体验、感知、内化并付诸实践等方式，自主探寻与建构关键概念的意义和内涵，最终加以应用和迁移。该模式使得教师能够在课堂的不同阶段，采用不同的教与学的方式，来帮助学生深度理解关键概念。

基于麦卡锡博士发展的"4MAT"教学模式，我们可将其引申为"四何问题"（见下表）。

| 问题类型 | 问题程度 | 关注点 | 特　征 |
| --- | --- | --- | --- |
| 是何问题 | 浅层 | 概念 | 让学生获取事实性知识 |
| 为何问题 | 中层 | 意义 | 让学生获取原理性知识 |
| 如何问题 | 高层 | 应用 | 让学生获取策略性知识 |
| 若何问题 | 高层 | 创造 | 让学生获得创造性知识 |

基于以上观点，我设计了"四何问题"评价量表。它以"四何问题"为驱动，将数学学科的大概念和核心素养落实分解到"四何问题"中，利用"四何问题"将学习内容的知识点有机串联起来，形成完整的知识体系。"四何问题"的提出和解决，有利于激发学生学习的内驱力，凸显学生学习活动的过程，发展学生的核心素养，顺应以学生为中心的课堂转型。"四何问题"评价量表如下表所示。

| "四何问题"评价量表 | | | | | | | | |
|---|---|---|---|---|---|---|---|---|
| 学　校 | | 班　级 | | 人　数 | | | 学　科 | |
| 执教者 | | 课　题 | | | | | 课　型 | |
| 观察者 | | 单　位 | | | | | 时　间 | |
| 问题类型 | 问题特征 | 教师提问问题摘录 | | 次　数 | | 学生提问或质疑摘录 | | 次　数 |
| 是何问题 | 让学生获取事实性知识（知道） | | | | | | | |
| 为何问题 | 让学生获取原理性知识（理解） | | | | | | | |
| 如何问题 | 让学生获取策略性知识（应用） | | | | | | | |
| 若何问题 | 让学生获得创造性知识（迁移） | | | | | | | |

　　"四何问题"的解决是一个不断提升学生思维能力的过程。在课堂观察中参照"四何问题"，观课教师可以分析授课教师提问的有效性，从而不断改进其课堂教学质量。"四何问题"使课堂聚焦于核心问题，真正实现了"减负提质"，其最终目的是培养学生的问题意识和思维能力，落脚点是让学生形成带着问题意识学习的思维方式。

### 3. 合作学习的评价

　　合作学习作为一种学习方式，是指学生在小组或团队中为了完成共同的任务，有明确责任分工的互助性学习。合作学习有助于促进师生之间的沟通，增强课堂教学的生命性；有助于培养学生的合作精神，增强集体荣誉感；有助于调动学生学习的积极性和主动性，提高解决问题的能力；有助于学生形成健康的竞争意识，增进友谊，培养亲社会行为。

走进现在的课堂，我们发现，合作学习似乎已成为一种"时尚"，一堂公开课若没有合作学习都觉得不好意思。但在实际操作中，学生缺乏合作意识，也不会合作，教师的指导抓不住重点，师生间不能有效地互动，合作效果并不理想。究其原因，主要是合作流于形式、合作处于无序状态、合作重于个体的表现。有效的合作学习应扩大学生自主探索解决问题的时空，改变以传授知识为主的教学模式，形成生动、活泼、创造性学习的新局面，充分显示出它在培养学生合作意识、自主学习能力、创新意识和实践能力等方面的作用与优势。

如何提高合作学习的实效性？应关注以下几个方面。

一是合作前，科学安排，凸显目的性。合作学习开始前，教师要使学生明确合作学习的目的和任务，尽可能多地为学生提供充足的学习材料，分清个人任务，讲明合作方法，为学生发挥主观能动性、创造性提供广阔的时空，让学生在自主、自觉、自由活动中积极主动地合作探索。要优化组合、精选问题、合理分工、独立思考，为有效合作奠定基础。

二是合作中，有效引导，体现探索性。教师不仅是学生合作学习的设计者、组织者、引导者，还应是参与者、合作者和亲密伙伴。合作探索中，既反对教师牵着学生走，也反对教师跟在学生后面走。教师要深入小组，参与其中，掌握情况，及时调控，通过启发引导、鼓励肯定、指出偏颇与不足，保证探索有序、有效地展开。要关注各层次的表现，鼓励各抒己见，引导探究不断向纵深发展。

三是合作后，交流评价，实现发展性。学习是一种社会性的交流活动，学会合作与交流是学生将来适应社会，通过互动交流与评价，促进思维和个性发展的重要能力。

首先，交流争辩，发展思维。交流是小组合作学习的主要环节，是形成正确认识、发展创新思维能力的关键所在。因此，在小组探究的基础上，让各小组派代表阐述小组的观点，组员及时完善。在聆听其他小组的意见中，启迪思维，及时做必要的订正或补充发言。通过充分交流、相互开拓、辨析和质疑答辩，学生进一步内化知识，加深对问题本质的理解，最终达成共识，归纳概括出合理的结论或提出解决问题的最佳策略。这样的交流虽然趋于竞争，但这是小组间的友好竞争。正是这种小组之间的竞争，才真正体现了智慧的挑战、思维的碰撞、情感的交流，使学生在合作与竞争中获取知识、发展智能。

其次，反馈评价，发展个性。恰当的评价起着导向与促进的作用。教师要不失时机地对学生参与探索的情感、态度、表现等及时进行恰当的形成性评价，并且组织小组间的相互评价，引导学生自我反思，以此肯定成绩、找出不足、指明方向、指导行动。教师要善于发现学生思维成果的合理部分，不刻意求全，保护学生的积极性，促进学生探索水平的不断发展和提高，促进学生的个性发展。

数学学习活动是一个生动活泼的、主动的和富有个性的过程。合作学习的实效性，不仅在于让学生自主探索解决真实的数学问题，更重要的是在合作探索中培养学生的主动探索意识，掌握科学的研究方法，学会正确地阐述自己的观点，掌握与人合作、沟通的技巧，学会客观评价与反思，促进学生学习能力的不断提高。

上海市教育科学研究院普通教育研究所夏雪梅博士认为：合作学习可以通过四个维度进行（如下表所示），每个维度体现了合作学习的一个要素，每个题项都是正向的积极描述。其中，1~5代表程度的差异，数字越大，表示课堂中学生的表现越吻合这一描述。如果在这堂课上不能观察到这类现象，就用"6"表示。

| 学生合作学习质量观察单 | | | | | | |
|---|---|---|---|---|---|---|
| 课　题： | | | | | | |
| 学　　校 | | 班　级 | | 学生数量 | | |
| 任课教师 | | 观察者 | | 观察日期 | | |
| 积极的个体关联与影响力 | 1<br>（很不符合） | 2<br>（不符合） | 3<br>（较符合） | 4<br>（符合） | 5<br>（很符合） | 6<br>（没有） |

| | 当一个成员讲话时，其他成员注意倾听。 |
|---|---|
| | 当一个成员讲话时，其他成员能回应。 |
| 小组成员有均等的发言机会 | 当一个成员进度落后或迟钝时，其他成员给予积极支持与鼓励。 |
| | 小组的学习资源和材料是共享的。 |
| | 不存在小组讨论的时候不说话，公开讨论的时候气氛浓厚。 |
| | 小组成员明白在这一段合作时间里要达到什么结果。 |
| 明确而共享的目标与分工 | 小组成员明白自己的任务、职责和角色。 |
| | 当某个成员游离时，其他成员对他进行提醒。 |
| | 90% 以上的合作时间是用在学习任务上。 |
| | 小组中不存在明显的因人际关系而产生的隔离、摩擦。 |
| 良好的人际和团队合作技能 | 小组中不存在对某一成员的歧视与不尊重。 |
| | 遇到争论的时候能够友善地处理。 |
| | 提供对别人发言的反馈，也接受别人的反馈。 |
| | 小组中的每一个成员都对最终的结果作出了努力。 |
| 清晰的个人绩效责任 | 小组中的每一个成员都能说出自己对小组的贡献。 |
| | 小组中的每一个成员都对自己的贡献有一个合理的评价。 |

观察者在运用这一观察单时，一般只能重点关注一个小组，才能获得比较准确的数据。

### 4."学为中心"的课堂观察

"学习"是课堂观察的核心，学生学习是一个复杂的连续体。"学为中心"的课堂观察不仅要观察学生认知与技能类的学习结果的达成，还要观察学习的认知过程和课堂上的其他学习结果。"学为中心"的课堂观察要从知识与技能目标的达成、独立学习的过程、合作学习的过程、课堂中的积极学科情感、课堂中的社会关系等维度来观察，体现在目标达成、教学行为、学习行为、互动行为等方面（见下表）。

| | | | | | | | | |
|---|---|---|---|---|---|---|---|---|
| | | | | **"学为中心"的课堂观察量表** | | | | |

| 学　科 | | 班　级 | | 人　数 | | 执教者 | |
|---|---|---|---|---|---|---|---|
| 课　题 | | | | 观察者 | | 观察日期 | |

| 目标<br>达成 | | 单元目标 | 高（　　） 一般（　　） 未达成（　　） |
|---|---|---|---|
| | | 课时目标 | 高（　　） 一般（　　） 未达成（　　） |
| | | 素养目标 | 高（　　） 一般（　　） 未达成（　　） |

| 教学<br>行为 | 问题<br>驱动 | 核心问题 | 记录： |
|---|---|---|---|
| | | 是何问题（知道） | 记录： |
| | | 为何问题（理解） | 记录： |
| | | 如何问题（应用） | 记录： |
| | | 若何问题（迁移） | 记录： |

| 学习<br>行为 | 个人 | 思考 / 阅读 / 操作 / 练习 | 次数：　　时间：　　时间百分比： | |
|---|---|---|---|---|
| | 小组 | 讨论 / 辩论 / 操作 / 合作 | 次数：　　时间：　　时间百分比： | |
| | | 成员有均等的发言机会 | 2/3 以上（　　） | |
| | | | 1/2 以上（　　） | |
| | | | 1/2 以下（　　） | |
| | | 明确的目标与分工 | 明白合作目标（　　） | |
| | | | 明确角色任务（　　） | |
| | | | 时间与效率（　　） | |
| | | 良好的人际与合作技能 | 相互聆听尊重（　　） | |
| | | | 友善处理争论（　　） | |
| | | | 反馈与自评（　　） | |
| | | 明显的同伴互助行为 | 支持鼓励发言（　　） | |
| | | | 共享学习资源（　　） | |
| | | | 帮助与提升（　　） | |
| | 生生 | 汇报 / 展示 / 演示 / 互动 | 次数或时间：　　总计：　　时间百分比： | |
| | | 汇报聚焦于问题的解决 | 聚焦（　　） | |
| | | | 模糊（　　） | |
| | | | 没聚焦（　　） | |
| | | 对问题解决的回应 | 积极回应（　　） | |
| | | | 被动回应（　　） | |
| | | | 没回应（　　） | |
| | | 产生有深度的争论 | 次数：<br>记录： | |
| | | 产生有价值的新问题 | 个数：<br>记录： | |

| | | | |
|---|---|---|---|
| 互动行为 | 理答行为 | 教师点名回答 | 次数：<br>记录： |
| | | 学生主动回答 | 人数：<br>记录： |
| | | 教师追问 | 次数：<br>记录： |
| | | 组织学生自主探究 | 次数：<br>记录： |
| | 指导行为 | 调控学习节奏 | 次数：<br>记录： |
| | | 关注学习差异 | 人数：<br>记录： |
| | | 巡视并作记录 | 次数<br>记录： |
| | 互动质量 | 互动频率（时间） | 25 分钟以上（高）（　　　）<br>20~25 分钟（适中）（　　　）<br>20 分钟以下（低）（　　　） |
| | | 互动气氛（人数） | 2/3 以上（好）（　　　）<br>1/2~2/3（较好）（　　　）<br>1/2 以下（一般）（　　　） |
| | | 互动效果（成效） | 有亮点（好）（　　　）<br>有质量（较好）（　　　）<br>有过程（　　　） |

上述量表的观察点多、面广，一个教师难以完成所有观察，应分工合作，从各自的观察点观察、记录、分析，进而诊断教师的教学质量和学生的学习情况。

### 5. 课堂循证的评价

课堂循证包括硬件设备（摄像头、存储设备等）及软件分析系统，是通过人工智能课堂分析平台，基于常态化课堂的教与学过程，建立从数据采集、数据分析到数据循证的质量闭环，帮助教师从非结构化反馈数据中发现、改进教学问题，从真实课堂的教学质量、教学设计、课堂多角度特征，帮助教师进行日常教学的反思，及时给予教师教学反馈，快速提高教师的教学质量。

课堂循证促进课堂教学研究从单一、模糊、依赖个人的经验模式走向系统、精准、客观的数据模式，助力传统经验教研走向数据驱动的实证教研。

课堂循证平台可根据录课视频自动生成课堂分析报告。该报告主要包含教师引导、学生学习、课堂互动分析、问题类型、师生课堂语言、课堂认知结构等方面的数据分析，成为教师教学反思的重要信息。

（1）教师引导数据。通过分析教师课堂语言中高频词出现的频数以及不同高频词之间的关联，可以分析出课堂是否围绕学科重点、学科知识之间的关联开展的。

（2）学生学习数据。通过观察课堂上学生的发言及提问表现，教师可以更好地发现班级学生的思维特点，在对学生独立学习、合作学习、课堂练习等时长的分析中，诊断学习方式的主要形式。

（3）课堂互动分析。通过 S–T 图，教师可以直观、全面、快速地了解整堂课是否以学生为中心来开展教学活动；人工智能课堂分析平台每 3 秒钟对课堂进行一次采样，来区分教师行为和学生行为，其中横坐标代表教师，纵坐标代表学生，体现着不同时间段师生互动的状况。通过对比课堂师生发言时间以及发言转换次数，可以得到 R–H 图。这个图包含了两个数值——RT 值和 CH 值，分别代表教师行为次数占比和师生转换次数占比。以这两个数值为坐标的落点位置，确定了这节课的课型。

运用人工智能课堂分析工具，教师可以进行及时、高效的教学反思，形成教学能力数字画像，进一步形成数字成长轨迹，还可以汇总形成学科、学校课堂质量数字画像。基于精准的数字画像，学校可以开展定制化课，提高教师培训的精准性、有效性；基于网络，搭建教师学习共同体，提高校本研修、教育集团成员校研修的效果。人工智能课堂分析工具为教师提供理论支架、数据支架、课程支架、反思支架，打造教师 AI 助手，帮助教师自我反思、专业成长。

综上，人工智能课堂评价分析系统在课堂教学中的应用体现出三个优势。

一是数据呈现课堂状态。基于人工智能课堂评价分析系统，教师能精准地分析出课堂教学行为，缩短课堂评价时间，拓展课堂评价维度，实时呈现可视化分析图表，通过深度挖掘课堂数据，直观地发现课堂的闪光点和不足。

二是促进教师自我反思。通过多次的数据分析对比，教师可形成课堂教学行为分析与改进的常态化模式，促进教师的专业发展。

三是提高后续课堂效率。通过人工智能课堂评价分析系统对学生进行全方位的观察与分析，教师能有效管理学生的课堂规律，促进高效课堂教学活动开展，提升课堂教学质量。

循证视域下的课例研究能促进教师不断优化教学活动，通过收集课堂教学数据，提高基于数据作出合理决策的能力，进而增强教师的循证能力。同时，树立"循证"思维，基于对"证据"的追寻、分析、评价、应用等一系列诊断，让教育教学超越经验，走向实证。这样，课堂实施会建立在动态、科学的评估上，真正打造"学为中心"的课堂。从经验判断走向数据实证，课堂循证助推教师探索出一种新的教研评价方式。

## 三、课堂观察案例

### 1. 基于 AI 的课堂观察分析报告

人教版五年级下册《分数与除法》[①] 人工智能分析报告

**一、语速分析**

本次课堂上，师生说了 6591 个字，参考值：3000~5000 字（40 分钟）。

---

① 本课的执教者为厦门海沧延奎实验小学的王玉婷老师。

教师的平均语速为 212.8 字／分钟，本校数学组的教师平均语速为 204.3 字／分钟。

授课的标准语速建议为 200~250 字／分钟。语速过快会导致学生没有足够的时间来思考、吸收、记忆，精力涣散。教师应该考虑教学对象的年龄因素、教学内容因素等，合理控制教学语言的速度。

## 二、课堂用语

高频词（次数）："表示" 24，"其中" 21，"分成" 19，"平方分米" 19，"等于" 17，"除数" 17，"三个" 16，"咱们" 15，"分数" 13，"补充" 12。

惯用词（次数）："好" 25，"这个" 21，"什么" 19，"就是" 15，"小组" 14，"可以" 14，"你们" 11，"意思" 11，"我们" 10，"一下" 9。

## 三、教学场景分析

| 主要课堂教学行为时间分布 | | | | | | | |
|---|---|---|---|---|---|---|---|
| 维　度 | 教师讲授 | 互动交流 | 独立学习 | 小组合作 | 随堂练习 | 其　他 | 总　数 |
| 时间 | 07′43″ | 12′37″ | 05′36″ | 11′37″ | 02′03″ | 02′14″ | 41′50″ |
| 占比（％） | 18.44 | 30.16 | 13.39 | 27.77 | 4.90 | 5.34 | 100 |

从上表的时间分布情况可以看出，本节课教师讲授行为占比是 18.44%，与互动交流所占的比例（30.16%）相差较大。学生学习方式除了独立学习，还有互动交流和小组合作。

首先，从本次课堂教学行为占比来看，互动交流和学生的小组合作占比较大，体现了以学生为中心的教学理念。教师讲授行为占比适中，有利于确保知识讲授的系统性和准确性。然而，学生独立学习占比相对较低，这可能会影响学生自主学习能力的培养。

其次，从教学流程来看，教师注重引发学生思考和合作讨论，这有助于培养学生的批判性思维和合作能力。书写类和听读类活动的设置也有助于提升学生的书面和口头表达能力。但是，独立思考的机会相对较少，可能会限制学生独立解决问题能力的提升。

针对以上分析，提出以下改进意见。

1. 适当增加学生独立学习时长的占比，让学生在课堂上有更多的时间独立思考和自主学习，从而培养学生的自主学习能力和独立思考能力。同时，教师也可以设计一些适合学生独立学习的任务，引导学生进行深入探究和学习。

2. 在小组合作中，加强教师的指导和监督，确保学生都能积极参与讨论，避免部分学生过度依赖他人或无所事事的情况出现。同时，教师也可以在小组合作前提供一些具体的指导或问题引导，帮助学生更好地展开讨论和完成任务。

总之，本次课堂教学行为时间分布和流程设计基本符合以学生为中心的教学理念，但仍需进一步优化和改进，以更好地培养学生的各项能力。

## 四、教师提问分析

### （一）提问类型

| 序号 | 问　题 | 教师提问类型 | | | | | | |
| --- | --- | --- | --- | --- | --- | --- | --- | --- |
| | | 基础认知问题 | | | 高级认知问题 | | | 无认知水平问题 |
| | | 识记型 | 理解型 | 应用型 | 分析型 | 评价型 | 创新型 | |
| 1 | 分数与除法有什么关系？ | | √ | | | | | |
| 2 | 分数除法中藏着什么关系呢？ | | √ | | | | | |
| 3 | 三个小组的讨论不仅明确了自己的方法，还学到了别人的方法。我们请哪个小组上来汇报？ | | | √ | | | | |
| 4 | 你边指着屏幕边说说是怎么想的。 | | √ | | | | | |
| 5 | 然后呢？ | | √ | | | | | |
| 6 | 也就是有几个？ | √ | | | | | | |

| 序号 | 问　题 | 基础认知问题 | | | 高级认知问题 | | | 无认知水平问题 |
|---|---|---|---|---|---|---|---|---|
| | | 识记型 | 理解型 | 应用型 | 分析型 | 评价型 | 创新型 | |
| 7 | 你们听懂了吗? | | | | | | | √ |
| 8 | 我想问问大家听懂了什么? | | √ | | | | | |
| 9 | 然后呢? | | √ | | | | | |
| 10 | 方法二表示的是什么呢?你看懂他的意思了吗? | | √ | | | | | |
| 11 | 那么这个一份, 就是 $\frac{3}{4}$, 听懂了吗? | | | | | | | √ |
| 12 | $3 \div 4 = \frac{3}{4}$。这个 $\frac{3}{4}$ 表示什么? | | √ | | | | | |
| 13 | 咱们完成任务一, 听完这个小组的汇报, 你有没有启发? | | | | | | √ | |
| 14 | 听完第一个小组的汇报, 你有收获和想法吗? | | | | | | √ | |
| 15 | 修改好之后, 我想听一听大家怎么把 3 块月饼平均分给 4 个人? | | | | | √ | | |
| 16 | 看懂了吗? | | | | | | | √ |
| 17 | 是怎么做的? | | √ | | | | | |
| 18 | 听懂了吗? | | | | | | | √ |
| 19 | 这一块表示什么呀? | | √ | | | | | |

| 序号 | 问　题 | 基础认知问题 | | | 高级认知问题 | | | 无认知水平问题 |
|---|---|---|---|---|---|---|---|---|
| | | 识记型 | 理解型 | 应用型 | 分析型 | 评价型 | 创新型 | |
| 20 | 这张图什么意思？看懂了吗？ | | √ | | | | | |
| 21 | 你发现这与分数除法有什么关系呢？需要补充吗？ | | √ | | | | | |
| 22 | 听懂什么了？ | | √ | | | | | |
| 23 | 我要补充符号分数线，你们同意吗？你们小组呢？ | | | | | √ | | |
| 24 | 你们有听懂这个小组的汇报吗？ | | √ | | | | | |
| 25 | 请问这个 $\frac{4}{3}$ 表示什么意思？ | | √ | | | | | |
| 26 | 有 4 个 $\frac{1}{3}$，你能结合图说一说吗？ | | √ | | | | | |
| 27 | 每个人分一个，但是多了这一个，怎么办？ | | √ | | | | | |
| 28 | 再平均分成 3 份，每个人取其中 1 份，明白了吗？ | | | | | | | √ |
| 29 | 其他小组还有不同的发现吗？ | | √ | | | | | |
| 30 | 表示什么意思？ | | √ | | | | | |
| 31 | $70 \div 71$，你能说说是什么意思吗？ | | | √ | | | | |

| 序号 | 问 题 | 基础认知问题 | | | 高级认知问题 | | | 无认知水平问题 |
|---|---|---|---|---|---|---|---|---|
| | | 识记型 | 理解型 | 应用型 | 分析型 | 评价型 | 创新型 | |
| 32 | $\frac{70}{71}$，这个数字是什么意思？这个分数什么意思？它表示了什么？ | | √ | | | | | |
| 33 | $a \div b = \frac{a}{b}$，这个 $\frac{a}{b}$ 是什么意思呢？ | | √ | | | | | |
| 34 | 分母是除数，非常好，这个除号是什么意思？ | | √ | | | | | |
| 35 | 为什么你选择用公式表示？ | | √ | | | | | |
| 36 | 写完了吗？ | | | | | | | √ |
| 37 | 哪个小组愿意上来说一说你们的想法？ | | | | | | √ | |
| 38 | 把2平方分米分成4份，取其中3份。"取其中3份"就表示的是2平方分米的 $\frac{3}{4}$，同意吗？ | | | √ | | | | |
| 39 | 这个小组画了两幅图，谁来说一说？ | | | √ | | | | |
| 40 | 你们看懂了吗？ | | | | | | | √ |
| 41 | 我想问一下大家，这幅图是什么意思？它是怎么画出来的？ | | √ | | | | | |

| 序号 | 问 题 | 基础认知问题 | | | 高级认知问题 | | | 无认知水平问题 |
|---|---|---|---|---|---|---|---|---|
| | | 识记型 | 理解型 | 应用型 | 分析型 | 评价型 | 创新型 | |
| 42 | 再把它分成 4 份，取其中的 3 份，听懂了吗？ | | | | | | | √ |
| 43 | 看完这两幅图，你对比一下，有什么样的发现？你们小组有没有发现？ | | √ | | | | | |
| 44 | 首先发现的是第一幅图，它说的是 2 平方分米的 $\frac{3}{4}$，其次是第二幅图，1 平方分米的 $\frac{3}{4}$ 是什么意思？ | | √ | | | | | |
| 45 | 听明白了吗？ | | | | | | | √ |
| 46 | 请同学们利用课余时间，把学习单的最后一部分内容"你有什么样的收获和困惑"记录清楚，好不好？ | | | | | | √ | |

| 教师提问类型统计 | | | | | | | | |
|---|---|---|---|---|---|---|---|---|
| | 基础认知问题 | | | 高级认知问题 | | | 无认知水平问题 | 总次数 |
| | 识记型 | 理解型 | 应用型 | 分析型 | 评价型 | 创新型 | | |
| 提问次数 | 1 | 26 | 4 | 0 | 2 | 4 | 9 | 46 |
| 占比（%） | 2.17 | 56.52 | 8.70 | 0 | 4.35 | 8.70 | 19.56 | 100 |
| | 67.39 | | | 13.05 | | | | |

本节课一共提问了 46 次，其中基础认知题共 31 次，占 67.39%；高级认知问题共 6 次，占 13.05%；无认知水平问题共 9 次，占 19.56%。

数据分布显示，除无认知水平问题外，本节课的理解型问题出现频率最高（占比 56.52%），其次为应用型问题和创新型问题（均占比 8.7%）。

从数据中也可以看出，本节课提问时比较侧重理解型问题，分析型问题类型的提问次数是 0。

这种分布表明，在小学五年级的数学课堂上，教师的提问主要集中在基础认知层面，尤其是理解型和应用型问题上，这符合数学学科的认知发展规律和学生的年龄特点。基础认知问题是学生建构数学知识体系的基础。通过大量的理解型和应用型问题，教师可以帮助学生深入理解和运用数学知识。

然而，高级认知问题相对较少，尤其是分析型问题缺失，这可能限制了学生高阶思维的发展。分析型问题能够帮助学生深入理解数学概念和原理，提高他们的问题解决能力和批判性思维。因此，教师在设计提问时，应适当增加分析型问题的比例，以发展学生的高阶思维。

此外，无认知水平问题占比也较大，这可能会影响课堂的有效性和学生的参与度。无认知水平问题无法有效促进学生的思维发展，教师在备课时应对这些问题进行审视和筛选，减少无效提问，提高课堂效率。

优化建议如下：

1. 增加分析型问题。教师在设计提问时，应增加一些分析型问题，引导学生对数学概念、原理和解题方法进行深入分析和比较，培养他们的批判性思维和问题解决能力。

2. 减少无认知水平问题。教师应认真审视课堂提问，减少无认知水平问题的数量，确保每个问题都能有效促进学生的思维发展。同时，可以通过增加互动和讨论的方式，激发学生的学习兴趣，提高他们的课堂参与度。

### （二）学生应答

这节课上教师总共提了 46 个问题，学生个别应答了 28 次，其中点名应答 2 次，分别是胡文军（1 次）和凌晨（1 次）。

### （三）教师理答

从下图的统计数据可以看出，本节课上，教师共理答了 15 次，其中 5 次为表扬。此外，教师没有理答学生有 5 次。

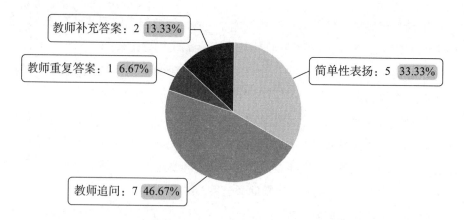

教师留给学生思考的时间大于 3 秒的提问有 1 次，占问题总量的 2.17%。

数据分布显示，本节课追问理答方式出现次数最多，其次为表扬。

## 五、S-T 教学分析

### （一）师生互动情况

教师讲话时长 11′56″ ，学生讲话时长 28′39″ ，互动次数 23 次。

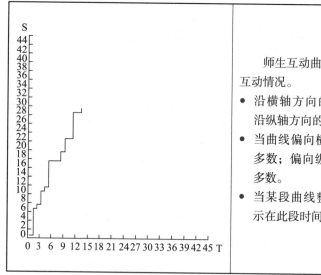

师生互动曲线描述的是教师和学生的互动情况。

- 沿横轴方向的线段代表教师在讲话，沿纵轴方向的线段代表学生在讲话。
- 当曲线偏向横轴时，表示教师活动占多数；偏向纵轴时，表示学生活动占多数。
- 当某段曲线整体平行于 45° 线时，表示在此段时间内教师和学生互动充分。

### （二）教学模式

本指标反映课堂的教学模式。

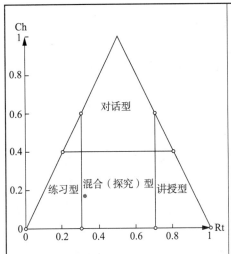

Rt/Ch：0.32/0.17

本节课的教学模式是混合（探究）型。

练习型：Rt ≤ 0.3；

讲授型：Rt ≥ 0.7；

对话型：Ch ≥ 0.4；

混合（探究）型：0.3<Rt<0.7，Ch<0.4。

Rt 是指教师行为的占有率，此值越大，说明教师行为越多。Ch 是教师行为与学生行为之间的转换率，此值越大，说明教师—学生行为的转换次数越多。

四种教学模式练习型、讲授型、对话型、混合型是联合 Rt 和 Ch 值来划分的。

- 对话型的显著特点是 Ch 值，也就是师生转换次数比较高。此种模式表明师生之间互动充分。

- 讲授型的显著特点是 Rt 值，也就是教师行为比例比较高。此种模式以教师讲授为主。

- 当教师行为占有率较低时，此时以学生活动为主，为练习型。

- 当教师行为占有率在一半附近时，此时教师、学生均充分参与，为混合（探究）型。

## 六、教师巡视分析

本次课堂上，教师在讲台上的时长为 21′52″。

巡视次数为 14 次，时长为 10′40″。巡视详情：01′00″（220 秒），10′05″（30 秒），10′55″（5 秒），11′10″（5 秒），17′20″（50 秒），19′45″（35 秒），28′05″（5 秒），28′25″（20 秒），30′20″（10 秒），32′35″（45 秒），33′55″（5 秒），34′15″（110 秒），36′20″（95 秒），38′05″（5 秒）。

本次课堂，教师下讲台的时长占比是 49%，表明教师经常在课堂上走动。

以上人工智能分析报告，较全面地分析了教与学的过程，并提出了合理的建议。执教者王玉婷老师根据自己上课的过程以及人工智能分析报告，进一步反思教学行为，特别从"学为中心"和"提问类型"作了深入分析。

## 2. 基于人工智能分析报告的教学反思

### 基于以学生为中心的教学行为和提问类型的分析与反思
#### ——以《分数与除法》一课为例

（厦门海沧延奎实验小学　王玉婷）

叶圣陶先生提出："凡为教，目的在达到不需要教。"教育的本质是实现学习上的"无需指导"，即所谓的"自由"，它应该是自由的教育。在这个过程中，教学不应该只有"施"，或是仅仅"受"。学生是在求学，教师应当肩负起启迪和指导学生的职责，发挥辅助他们学习的作用。

《课标2022》的颁布让笔者更加认识到实施以学生为中心的课堂教学的重要性。"学为中心"的课堂强调生生、师生互动，鼓励学生的自主性学习。在"学为中心"的课堂上，教师起到引领作用，但不过于包揽，故意留白让学生产生自我探究的欲望，促使他们自主学习。正因如此，教师需要改变传统课堂模式，运用多样且具有创新性的教学方法，激活学生的思维，从而促进学生深度学习，打造有趣、有味的数学课堂。

以前教师生怕自己讲授不够深刻、透彻，担心学生听不明白，所以课堂上大部分时间是在进行知识传授。由于实践机会匮乏，学生的学习积极性受阻，进而导致学习兴趣逐渐丧失。

而在变革后的课堂上，教师面临的关键任务是营造优良的学习氛围，激发学生积极的情感反应，并鼓励他们成为知识的主动构建者。激发学生的学习动力，关键在于挑选适合他们的学习材料，这能提高学生的主观能动性。那么，什么类型的学习内容有助于学生成长？教师在作为引导者、推动者、组织者和管理者时应如何发挥作用呢？

在笔者看来，它是由教师在课堂中的教学行为决定的。教师需关注学生间的合作探究以及他们的成果呈现，在课堂上存在丰富的师生、生生之间的互动形式，围绕学生的经验增长进行有意义的学习，反思学生的深度学习和知识的实际运用过程。

下面以笔者执教的人教版小学数学五年级下册《分数与除法》一课为例，

根据这节课收集的课堂观察数据，对以学生为主体的教学活动进行深入的评估和分析。

## 一、聚焦"学为中心"的课堂观察数据分析

采集与分析课堂观察数据，能帮助教师有效反思教学效果。建立基于大数据的多维度综合性智能评价体系，通过智慧课堂载体，教师能发掘出之前被掩盖的教育细节，让"课堂学生行为"的内涵变得更丰富。通过分析获取到的多元信息，教师和学生的特征描绘更为精确。我们计算了各种行为出现的频率，并将其转化为数据形式。数据会被一种特定的数学方法加工，这样能提高课堂诊断的效率。

### （一）S-T分析方法

分析：人工智能分析报告中，该组数据反映出本堂课采用的是混合型教学模式，整体上符合预设的教学构思。S-T曲线偏向横轴时，意味着教师主导了活动；偏向纵轴时，意味着学生活动占多数。从S-T曲线图中可以看出，师生的时间分配较为合理，其中学生活动占比较大；纵向出现三个断层，说明本节课通过三个大任务给予学生较为充分的独立思考和讨论时间；S（学生行为）的时间为28′39″，T（教师行为）的时间为11′56″，表明学生行为多于教师行为；互动次数为23次，表明该堂课教学过程中有较充分的师生对话，教师能较好地捕捉生成资源，从而推动教学进程。Ch值（师生行为转换率）接近中间位值0.2，是比较理想的教师—学生行为的转换。尽管如此，Rt值还是稍高于关键值0.3，这暗示了教师的行为占比不高，说明应该适当增加教师行为，当占有率在一半附近时，此时教师、学生均充分参与，为混合（探究）型。

反思：从新课引入探究新知，学生自主研究3除以4等于多少，到探索把2个月饼平均分给3个人，每人分得多少个，再到通过观察前面的两个算式，发现分数与除法之间的关系，学生一步一步深度思考。笔者在课堂上留意并指导学生讨论，体现出教师能够有效地扮演组织者和引导者的双重角色。

比如，在探索3÷4的过程中，笔者先让学生独立思考3除以4等于多少，然后用分数表示出它的商，并说明理由。学生根据已有经验，通过画图、情境或从计数单位角度思考、探索。在学生采取"四人学伴"模式进行讨论交流的

过程中，适时听小组内的想法，让他们不仅在独立思考中感受分数与除法的关系，还对已有知识经验和新知识有进一步的对比思考。

由于本节课学习单前置，因此课堂上有更多时间让学生小组交流并上台展示汇报。如果能够增加学生思考的时间，那么 Ch 值可能会有所提升。

### （二）教师提问分析

教师常常通过课堂提问来引导教学，包括启动新课、激发学生的思考和连接不同的教学阶段。教学过程中，教师通过提问的方式，在师生问答中推动课堂进程，以达成教学目标。"学为中心"的课堂模式比起教师单向授课，能提升学生的课堂活跃性，并且对学生的思维成长有积极作用。课堂提问能力是评价教师专业技能的一个重要标准，它紧密关联着教师的专业知识和理解学生的能力。

分析：从教师提问类型来看，在基础认知问题中，本节课的理解型问题出现频率最高（占比 56.52%），其次为应用型问题（占比 8.7%）。从数据中可以看出本节课上，笔者提问时比较侧重理解型问题。在小学五年级的数学课堂上，教师的提问主要集中在基础认知层面，尤其是理解型和应用型问题上，这符合数学学科的认知发展规律和学生的年龄特点。基础认知问题是学生建构数学知识体系的基础。通过设计大量的理解型和应用型问题，可以帮助学生深入理解和运用数学知识。

从教师理答数据分布来看，这堂课笔者最常使用的回应方式是追问，其次是表扬。

反思：从本节课的教学行为占比来看，互动交流和学生的小组合作占比较大，体现了以学生为中心的教学理念。同时，教师讲授行为占比适中，有利于确保知识传授的系统性和准确性。

本课结合"四人学伴"模式，在问题导向中引发学生深度思考。在活动探究中，学生是带着问题思考的，学习不是盲目的跟风活动。课后，学生回顾总结，除了畅谈本课收获，还提出了新的问题，为后续学习埋下伏笔。

笔者认为，设置的追问应聚焦重难点。课堂追问是教师教学智慧的一种表现。适时追问能够激发学生的思考，促使他们产生新的观点，引发深度讨论，从而带来超出预期的教学成果。故反思本节课的追问处理，应引起鉴戒。

比如以下教学环节。

（出示问题）

下面长方形的面积都是 2 平方分米，请画出 2 平方分米的 $\frac{3}{4}$ 和 $\frac{3}{4}$ 平方分米。

[长方形]

2平方分米的 $\frac{3}{4}$

[长方形]

$\frac{3}{4}$ 平方分米

对比一下我发现:

师：请这个小组上来说一说你们的想法。

组员 1：第一张图，把 2 平方分米分成 4 份，取其中 3 份。"取其中 3 份"就表示的是 2 平方分米的 $\frac{3}{4}$，同意吗？

组员 2：$\frac{3}{4}$ 平方分米就是 1 平方分米的 $\frac{3}{4}$，所以先找到 2 平方分米的一半，就是 1 平方分米，再把 1 平方分米平均分 4 份，取其中的 3 份。

师：对比一下有什么发现？你们小组有没有发现？

组员 3：第一幅图是 2 平方分米的 $\frac{3}{4}$，第二幅图是 1 平方分米的 $\frac{3}{4}$。

师：什么意思呢？

生：第一幅图是以 2 平方分米为单位"1"，第二幅图是以 1 平方分米为单位"1"，两幅图的单位"1"不同。

这里笔者没有适时追问：两个 $\frac{3}{4}$ 含义有什么不同？这是本节课没处理好的重难点。本节课的目的在于从"量"和"率"两个方面帮助学生理解分数的两种不同含义。这里的 2 平方分米的 $\frac{3}{4}$ 中的" $\frac{3}{4}$ "表示的是"率"的含义，而 $\frac{3}{4}$

平方分米中的"$\frac{3}{4}$"表示的是具体的"量"的含义。

综观整节课，较为可喜的是，笔者有提出探索性的问题，如探索分数与除法之间的关系的教学环节。

师：通过小组讨论，大家集思广益，来说一说你的发现吧！

生：我的发现是，被除数 ÷ 除数 = $\frac{被除数}{除数}$，可以用字母 $a \div b = \frac{a}{b}$ 表示，其中 $b$ 不等于 0。我举的例子是 $4 \div 3 = \frac{4}{3}$，可以用画图表示，画 4 个饼，平均分给 3 个人，每个人先分到一个完整的饼，还剩下一个饼，再平均分 3 份，每个人取其中的 $\frac{1}{3}$，合起来就是 $\frac{4}{3}$。也可以看作把 4 个饼都平均分成 3 份，有 4 个 $\frac{1}{3}$，就是 $\frac{4}{3}$。大家看明白了吗?

生：以前我们都是用大的数除以小的数，但是今天我知道了被除数比除数小的时候也可以除。

生：我发现任何除法算式的结果都可以用分数来表示。

笔者这里注重挖掘学生的创新潜能，并通过引导他们发现新旧知识间的关联，来促进他们的思维发展。从三年级初步认识分数，到五年级深入学习分数的意义，学生接触的分数基本是分子小于分母的真分数。很多学生认为分数象征着部分和整体的联系，认为部分永远不可能大于整体。通过上面的举例和归纳，学生明白了分数的真正意义，即表示几个几分之一的结果。

通过以上问题设置，笔者不断启发学生从数学本质出发，思考分数与除法的关系，并为后续的学习作铺垫。

## 二、基于课堂观察数据的反思和改进

首先，更加关注以学习为中心的学习过程。朱熹说："学贵有疑，小疑则小进，大疑则大进。""疑"是思维的助推器，人们的思维就是从提出问题开始的，好的问题能很好地激发学生探究与求知的欲望。"量""率"混淆，是五年级学生作业中常出现的一个典型错误，因此应修改学习单内容中的"任务二"，把原来2块月饼平均分给3人，修改为：把一段2米长的线平均分成5段，每一段长多少米？每一段是全长的几分之几？把原来画饼的旧情境深化为用线段图来表示，在这个过程中让学生继续感受分数的不同含义。在五年级"分数的再认识"中，教师就要从"量""率"两个不同的角度展开教学，帮助学生从不同方面理解分数的意义。

其次，更加关注不同学生的积极表现。可以建构以学生为中心的学习环境；可将教育功能相对固定的物理空间改造成以学习者为中心的开放式活动场所，如利用圆桌或者将桌子拼摆成圆桌。同时，在四人小组合作中还存在一部分孩子没有充分参与讨论和思考，因此教师不能只关注课堂，在课余时间要重点训练这部分孩子的表达能力，从简单任务开始，及时鼓励和引导。挑选发言的学生也要适时更换，让全体学生都参与课堂活动，在思考、亲身实践、探究、解决问题的过程中建构知识与提升能力。

总之，课堂应以学生为中心，让阅读、提问、合作、展示、生成五个环节自然发生。这样的课堂，不仅传授学生知识，更塑造了学生的自信，让他们感到"我能行、我很棒"。"学为中心"的课堂需要教师深入了解学生，关注学生的情感体验，将课堂还给学生，注重所提问题的层次性和连贯性。唯有如此，课堂才得以触发学生思考，滋养学生灵魂。

# 第二节　单元作业突出联

小学数学单元作业是巩固知识与技能、丰富学习经历、培养关键能力、发展核心素养的重要载体，可以促进学生理解基础知识、掌握基本技能、获得基本思想和基本活动经验；帮助学生主动重建关联的知识结构，建构知识网络体系，形成正确的数学理解；引导学生领会数学学习的现实意义，感受数学与现实生活的联系，体验知行合一的价值，发展运用数学知识与方法发现问题、提出问题、分析问题和解决问题的能力；培养学生的责任心、坚韧性和良好的学习习惯，增强学生的创新意识、合作能力与实践能力，引领学生形成正确的情感、态度和价值观。

# 一、单元作业设计理念

《学科作业体系设计指引》一书指出：小学数学单元作业要依据课标，结合教材，遵循学习规律，尊重认知特点，通过重组、改编、创编等方式，遵循以下四个方面的编写理念进行设计。

## 1. 明确作业目标，聚焦核心素养

小学数学单元作业不仅是课堂教学内容的补充与延伸，也是培养学生核心素养的有效载体。小学数学单元作业的设计，应清楚作业的目标，重视问题解决中的思想和方法，通过数学学习发展学生的核心素养。

例如，人教版四年级下册"运算律"作业目标：

理解加法、乘法交换律，加法、乘法结合律，乘法分配律，减法、除法的简便运算；能用字母表示相应的运算定律；经历观察、思考、分析，结合具体的情况灵活选择合理算法进行简便计算。提升发现问题、提出问题、分析问题、解决问题的能力，发展学生的数感、运算能力、推理意识、模型意识等核心素养。

## 2. 丰富作业素材，体现数学学习价值

小学数学单元作业应关注学生的现实世界。学生的现实包含数学认知现实和生活现实。其中，数学认知现实是学生学习的新的认知内容及积累的数学知识和方法；生活现实是学生熟悉且有趣、有用的事物，学生感兴趣的生活现象、生活场景、自然现象、社会现象或社会问题。

例如，人教版四年级下册"运算律"作业设计：

数学认知现实性作业：一个计算器的按键"6"坏了，如果要用这个计算器计算 $125 \times 56$，你能说出计算的方法和理由吗？

生活现实性作业：某座大桥历时 4 年，用了 10 多万吨钢材才建成。大桥是"4+4"八车道模式，由于上下班车流在不同时段出现两个半边分布不均的现象，桥上经常发生堵车问题。有人提出再建造一座大桥，但这样就会又花费大量资金。一个年轻人想出了一个"金点子"，这个"金点子"为当地政府节约了上亿资金。你知道这个"金点子"吗？

所谓的"金点子"，就是建议把原来的"4+4"车道模式，根据不同时段上下班车流量，改为"6+2"和"2+6"模式，这样整个桥面的车道仍是八车道，但堵车问题得到了很好的解决。

### 3. 注重多元表征，增强学生数学理解

小学数学单元作业在内容表述科学、准确的基础上，还要体现表征的多元化。针对不同数学知识的呈现形式，教师可采用文字、图形、图表、符号、情境图等不同的数学语言进行表达。

例如，人教版四年级下册"运算律"作业设计：

下列选项不能用乘法分配律表示的是（　　　　）

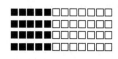 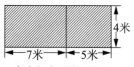 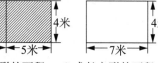 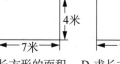
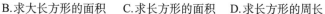

A.求正方形的个数　B.求大长方形的面积　C.求长方形的面积　D.求长方形的周长

> 本题考查了数数、长方形的面积与周长的计算方法，并且结合图形让学生判断能否用乘法分配律表示，让学生不仅要会算、会用，还要知道怎么用。

#### 4.精选作业类型，外显学生思考过程

小学数学单元作业不仅在常规的填空、判断、选择、计算、问题解决等题型上呈现，还要基于学生的发展与认知特点，精心设计操作题、说理题、探究题、拓展题、长周期作业题、项目式研究作业题等，进一步外显学生的主观思考过程，培养学生的思辨思维、理性思维，发展综合能力、实践能力、应用意识和创新意识。

例如，人教版四年级下册"运算律"作业设计：

观察下列算式，并回答问题。

| | |
|---|---|
| $6×6-4×4$ | $（6+4）×（6-4）$ |
| $=36-16$ | $=10×2$ |
| $=20$ | $=20$ |

1.根据以上规律，计算 $101×101-100×100$。

2.请判断 $（a+b）×（a-b）$ 和 $a×a-b×b$ 的结果（　　）。（填"相等"或"不相等"）

3.根据以上规律举出一个不同的例子来说明。

> 所设计的题目让学生经历观察、比较、分析、抽象等思维活动，推算出结果；在探究的基础上，以说理的方式表达各自的想法，丰富了学生的学习体验，促进学生主动思考，发展学生的数学思维，培养学生的数感和逻辑推理能力。

## 二、单元作业设计原则

#### 1.情境性原则

将数学问题融入具有现实背景的情境中，让学生在解决问题的过程中体

会所学知识是有用的，是可以帮助我们解决现实生活中的相关问题的，从而感受数学学习的价值，以此激发学生学习数学的兴趣与热情。

例如：

李叔叔计划 7 月 23 日上午 8:30 从厦门体育中心去厦门嘉庚体育馆办事。导航提示两地路程 17 千米，办事停留时间大约 2 小时。李叔叔如果选择自驾车前往，汽车每千米油费大约 0.85 元。嘉庚体育馆停车场的收费标准是每小时 20 元，免费停车时间段是当天 21:00 至次日 7:30。如果选择打车前往，信息如右图所示。

请你为李叔叔规划是自驾还是打车出行？并说明理由。

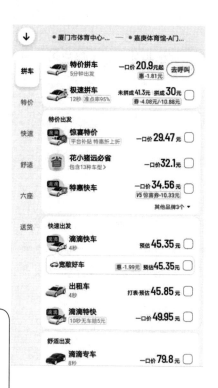

设计本题的目的是让学生读懂信息，通过计算对比自驾与打车出行的费用，在真实情境中提升分析问题、解决实际问题的能力，培养应用意识等核心素养。

## 2. 过程性原则

教师不仅要考查学生对知识与技能的理解、应用，还要考查他们对知识产生过程的理解以及思维的过程，引导学生不能只关注结果，更要关注知识形成和独立思维的过程。这样的考查有利于促进教师有意义的教、学生有意义的学。

例如，人教版小学数学三年级下册"两位数乘两位数"作业设计——计算 $17 \times 13$：

1.把下面的竖式填完整。

```
      1 7
  ×   1 3
  □ □        …（  ）×（  ）
□ □ □        …（  ）×（  ）
□ □ □
```

2.根据算式在下图中圈一圈。

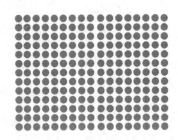

3.想一想两位数乘两位数的计算道理，结合长方形的面积计算方法，下面右图中（　　）号的面积表示下面左图乘法算式中箭头所指的这步计算结果；右图长方形中④号面积表示（　　　　）的计算结果。

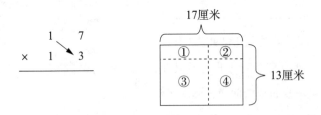

设计这些题的目的是评价学生对两位数乘两位数的算法和算理的理解，突出学习的过程性评价。三道题的难度逐步提升，测出学生的不同认知水平，让不同水平的学生在数学学习上得到不同发展，体现分类评价的理念。

3.探究性原则

在考查时，教师要关注探究性问题的设计，让学生通过观察、比较所提供的素材或现象，在抽象、推理和建模中发现并表达规律，最后再根据规律解决稍复杂的问题。在此类问题的考查中，学生往往能够基于平时课堂学习过程中所积累的知识和经验展开探索。

例如，人教版小学数学三年级下册"两位数乘两位数"作业设计：

在计算两位数乘两位数时，除了我们常用的竖式计算方法，还有其他的计算方法。下面就让我们来学习几种有趣的算法吧！

1. 请先仔细阅读下面四种计算 $43 \times 32$ 的算法，你能看懂吗？

方法一：画线法

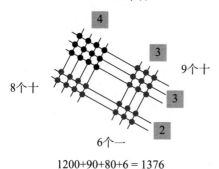

12个百

8个十

9个十

6个一

$1200+90+80+6 = 1376$

方法二：表格算法

| × | 40 | 3 |
|---|---|---|
| 30 | 1200 | 90 |
| 2 | 80 | 6 |

$1200+90+80+6 = 1376$

方法三：铺地锦

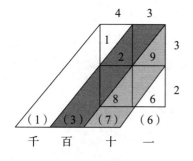

千　百　十　一

方法四：其他竖式计算方法

```
        4   3
    ×   3   2
    ─────────
            6    …2×3
        8   0    …2×40
        9   0    …30×3
    1   2   0   0    …30×40
    ─────────────
    1   3   7   6
```

2. 请你编一道两位数乘两位数的题目，任选上面的两种方法算一算，并和小伙伴交流一下你的计算方法。

学生完成作业的过程也是学习的过程。通过学习上面四种计算方法，学生既拓宽了视野，也学会了探究知识的方法，对培养学生学习力具有重要的意义。

又如，人教版小学数学五年级下册"图形的运动"作业设计：

一张正方形纸片，经过两次对折，然后按阴影部分裁剪并展开，可以得到如下图所示的"蝴蝶结"。

请仿照上图，将下面的正方形纸片经过两次对折后裁剪并展开，得到如下图所示的图形（最后一个图），并在下图的第③个图中用阴影表示剪去的部分。

学生通过对第一个图的探究性学习，将学习到的方法迁移到第二个图中，培养了实践能力，发展了空间观念。

4. 整合性原则

基于大单元教学的理念，在设计作业时，把本学科、其他学科的知识进行整合，让学生在真实的问题情境中，体验学以致用，发展核心素养。

例如，数学学科知识整合的作业设计：

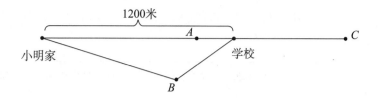

1. 小明放学后，从学校回家，每分钟走60米，15分钟后，他大概走到哪个位置？请用"△"在上图中标注出来，并写出你的想法。

2. 小刚家距离学校500米，距离小明家900米，上图中 $A$、$B$、$C$ 三个点哪个是小刚的家？请说明理由。

> 本作业整合了数学学科中的行程问题、三角形三边关系、分数意义等数学知识，提升了学生的应用意识。

又如，跨学科的作业设计：

下面是 2000—2023 年我国人口数量统计图。

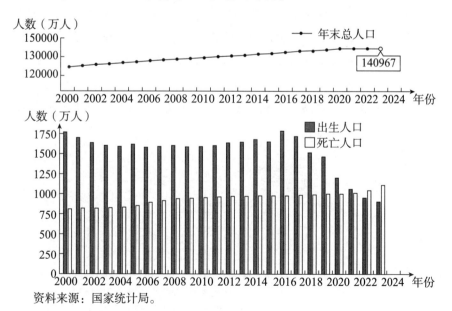

资料来源：国家统计局。

1. 请结合统计图分析我国的人口现状。

2.我国于 2011 年、2013 年、2016 年、2021 年分别对生育政策作了 4 次调整，具体如下。

---

2011 年 11 月，我国全面实施双独二孩政策，即夫妻双方均为独生子女，经过批准可生育二胎；
2013 年 12 月，我国实施单独二孩政策，即夫妻双方一人为独生子女的可生二胎；
2016 年 1 月 1 日，我国全面实施二孩政策；
2021 年 5 月 31 日，一对夫妻可以生育三个子女。

---

请结合统计图中的信息，综合分析开放生育政策是否对我国人口增长产生影响？

3.对于我国人口的发展趋势，你有什么建议？

### 5.开放性原则

在考查时设计一定的开放性问题，能够引导学生从不同的视角去观察、分析、解决问题，尊重学生的个性化思维，发展学生的创新能力。考查时的问题可以是条件开放、答案开放、解答方式的开放等。开放性的作业还可以根据香港大学教育心理学教授比格斯创造的 SOLO 分类评价理论，对学生的数学思维层次与表征进行分类评价，促进不同层次学生的异步发展。

例如，人教版四年级下册"三角形的分类"作业设计：

小玲准备在下图中画一个底是 5 厘米、高是 3 厘米的三角形，请帮她确定第三个顶点 C 的位置。

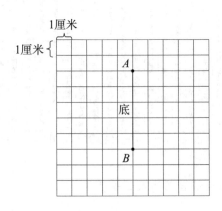

基于 SOLO 分类评价理论：

前结构水平：学生无法理解题意，有的未能作答，有的无法正确找到点 $C$ 所在的位置，有的将点 $C$ 画在线段 $AB$ 所在的直线上。

单点结构水平：学生往往只能找到一种可能的结果，但看到其他学生的作品时，他们能迅速调整思维，答案不止一个，两边皆可以找到点 $C$ 的位置。

多点结构水平：学生能感受到结果的多样性，但无法自主突破两个思维误区。其一，认为点 $C$ 必须在线段 $AB$ 长度的对应范围内；其二，无法理解钝角三角形的高处于三角形外部。

关联结构水平：学生能意识到，只要点 $C$ 处在对应直线上，作出的三角形均是符合条件的。另外，在线段 $AB$ 的左边也可以找到这样的一条直线。

抽象扩展结构水平：学生能联想到"两条平行线之间的距离处处相等"，这两条平行线之间的任意一条垂直线段都是这些三角形的"高"。

这样的作业设计能有效突破学生的思维空间，给予学生更多发挥智慧的机会，在独立探索、小组合作交流中分享彼此的智慧，体现分类评价的价值。

# 三、单元作业设计实例

下面以人教版小学数学五年级上册"小数乘法"单元作业设计为例进行说明。

## 1. 教材分析

对于小数四则运算这一内容，人教版教材分三个阶段进行编排，分别为"小数加法和减法""小数乘法"和"小数除法"。人教版五年级上册"小数乘法"教学单元，是在学生学习了整数乘法的笔算、积的变化规律、小数的意义和性质、小数的加减法等基础上进行教学的。梳理人教版教材中乘法内容的编排，从二年级上册开始依次安排以下内容：表内乘法、多位数乘一位数、两位数乘两位数、多位数乘两位数、小数乘法、分数乘法。"小数乘法"

单元内容的编排比较丰富，包括小数乘整数、小数乘小数、积的近似数、整数乘法运算律推广到小数、解决问题共五大板块 9 个例题。

例 1—例 4 教学小数乘法的算理、算法：例 1 结合具体量教学"9.5×3"，借助"元"与"角"之间的十进关系，把小数乘整数转化为整数乘整数，打通小数和整数之间的联系，为理解小数乘整数的算理提供了直接的感性支撑。例 2 去掉具体情景直接计算"0.72×5"，启发学生思考能不能像例 1 中把小数转化成整数来计算，引导学生根据积的变化规律，通过图示，呈现小数乘整数转化为整数乘整数的过程，理解小数乘整数的算理、算法。例 3 给出刷油漆的情境，计算"2.4×0.8"。基于例 2 的学习经验，该题把两个因数都转化为整数，再根据积的变化规律确定积的小数点位置，理解小数乘小数的算理、算法。在此基础上，进一步计算"1.92×0.9"，通过讨论，总结小数乘法的一般计算方法。例 4 计算"0.56×0.04"，解决积的小数位数不够的问题，利用小数点移动的变化规律，先在前面用 0 补足，再点小数点。

例 5—例 9 教学小数乘法的应用：例 5 是小数倍的应用和验算，结合"1.3 倍"的含义，让学生领悟有时用小数倍表示两个数量间的关系比较直观，教材还提出"也可以用计算器来验算"的要求。例 6 是求积的近似数，引导学生根据求小数近似数的方法，按"保留一定的小数位数"的要求表示积，是对前面学习的小数乘法方法的巩固，只是积的不同表达。例 7 是将整数乘法运算律推广到小数并简便计算。例 8 引导学生根据实际问题和数据，利用估算的策略和方法解决问题。例 9 是解决分段计费的实际问题，初步体会函数思想，提升学生解决问题的能力。

小数乘法与整数乘法之间有着十分密切的联系。由于小数和整数都是按照十进制位值原则书写，在竖式形式、乘的顺序、积的对位与进位上都类似，这使得学生对小数乘法产生了不少疑问。比如：为什么列竖式时不是小数点对齐，而是末位对齐？为什么计算时，中间部分的两行乘积不用点小数点？为什么小数乘整数时，积的小数点和因数中的小数点是对齐的，但小数乘小数时，积的小数点和因数中的小数点却往往是不对齐的？可见，学生学习小数乘法的过程中，感到困难的不是掌握不好计算方法，而是不能理解和表述算理。

　　计算小数乘法结合具体量的关系（如元角、长度等）和乘数与积的变化规律，将小数乘法转化为整数乘法，这是打通小数乘法与整数乘法的联系、抓住计算本质迁移整数乘法的相应规则。因此，课堂教学和作业设计都要从单元整体设计的高度，突出以计数单位为"基"、以直观表征为"媒"、以积的变化规律为"本"，对教学内容进行深入理解，助推算理的逐层厘清，凸显数的运算的一致性（乘法运算的一致性已有阐述），实现算法的顺畅迁移。基于乘法运算的一致性，"小数乘法"单元的大概念是计数单位的累加和数的意义与表达。

### 2. 单元作业目标

　　教师通过本单元的教学，要使学生掌握小数乘法的运算技能，重点引导学生用转化的方法来学习小数乘法，解释小数乘法的算理，形成运算能力和推理意识，注重培养学生解决问题时的阅读理解能力和应用意识。"小数乘法"单元作业目标体系见下表。

| 课时内容 | 单元作业目标 | 目标水平 | 核心素养 | 学业质量标准 |
|---|---|---|---|---|
| 小数乘整数 | 理解小数乘整数的算理，并能解释算理，能正确计算小数乘整数。 | 理解掌握 | 运算能力、推理意识、应用意识 | 1. 理解小数乘法的算法和算理，能进行简单的小数乘法计算，感悟运算的一致性，形成运算能力和推理意识。<br>2. 能从数学与生活的情境中，将所学的数学知识应用于解决现实生活中的求近似数、估算、分段计费等问题，形成初步的应用意识。 |
| 小数乘小数 | 理解小数乘小数的算理，掌握小数乘法的计算方法，能正确计算小数乘法。 | 理解掌握 | | |
| 积的近似数 | 形成估算意识，会用"四舍五入"法求积的近似数，解决实际问题。 | 掌握运用 | | |
| 整数乘法运算律推广到小数 | 能用乘法运算律进行小数乘法的简便运算。 | 掌握运用 | | |
| 解决问题 | 能用估算解决实际问题。 | 运用 | | |
| | 会解决分段计费的实际问题，初步体会函数思想，形成综合运用数学知识解决问题的能力。 | 运用 | | |

### 3. 单元作业设计思路

（1）运算的一致性。将整数乘法的算理、算法迁移到小数乘法中，教材引入积的变化规律帮助学生理解，体现了运算的"承袭性"。算法可以化归为基于计数单位的运算，即计数单位与计数单位相乘、计数单位上的数字与计数单位上的数字相乘，其本质都是计数单位的累加。"一致性"视角下的小数乘法，改变了"一个例题接着一个例题散点教"的碎片化教学方式，破除了"一道习题连着一道习题重复做"的机械式刷题现象，以知识的结构化呈现了整数、小数、分数乘法运算的一致性。

（2）方法的多元表征。基于小数乘法运算与整数、分数乘法运算的一致性，可以借助单位换算和面积模型等方法多元表征，通过图式、说理等促使学生对算理的理解，促进学生举一反三、触类旁通，推动他们的思维不断进阶，习得"带得走"的能力。

### 4. 单元作业设计实例

┌─────────────┐
│ 小 数 乘 整 数 │
└─────────────┘

☑ **思维小练笔**

1. 想一想，填一填。

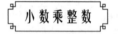

2. 根据 $56 \times 125 = 7000$，直接写出下面各题的结果。

$0.56 \times 125 = ($      $)$         $56 \times 1250 = ($      $)$         $560 \times 1.25 = ($      $)$

3. 列竖式计算下面各题。

$0.29 \times 6$         $4.2 \times 27$         $5.4 \times 30$         $1.05 \times 72$

4. "飞来山上千寻塔，闻说鸡鸣见日升。不畏浮云遮望眼，自缘身在最高层。"这首诗出自宋代诗人王安石的《登飞来峰》。诗中的"寻"在古代是一个长度单位，"一寻"相当于"八尺"，一尺大约是 33.33 厘米，古代一"寻"大约是多少米？查询相关资料，看看诗中飞来山上的"千寻塔"有多高。

5. 牛奶中含有丰富的钙、维生素 D 等，包括人体生长发育所需的氨基酸，消化率高达 98%，具有安眠、补钙、美容养颜等功效。某品牌牛奶每盒 2.3 元，如果商家搞促销活动，买四赠一，买 20 盒牛奶，至少要花多少钱？

## ※ 智慧大挑战

6. $1.4 \times 12 = 16.8$，你会结合下面的图说说道理吗？

（1）结合面积图进行说明。

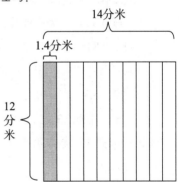

（2）结合计数单位图进行说明。

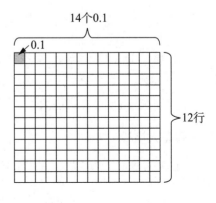

## 小 数 乘 小 数（1）

☑ **思维小练笔**

1. 想一想，填一填。

| | | | |
|---|---|---|---|
| 0.807 | ×（  ） → | 807 | |
| × 0.02 | ×（  ） → | × 2 | |
| 0.01614 | ÷（  ） ← | 1614 | |

2. 列竖式计算下面各题。

$1.8 \times 3.2$        $0.45 \times 0.09$        $0.036 \times 0.65$

3. 将正确答案的序号填在括号里。

（1）与 $0.845 \times 1.8$ 的计算结果相同的是（      ）。

A. $18 \times 0.845$        B. $8.45 \times 18$        C. $84.5 \times 0.18$        D. $8.45 \times 0.18$

（2）下列各式中，积最小的算式是（      ）。

A. $4.13 \times 5.37$        B. $41.3 \times 53.7$        C. $413 \times 0.537$        D. $0.413 \times 537$

4. 小美用 $14 \times 12$ 这个整数乘法竖式计算了几道小数乘法，算出的结果都是 0.168，但因数的小数点都忘了点，你能帮她补上吗？请在下面的竖式上写一写。

```
    1 4          1 4          1 4          1 4
 ×  1 2       ×  1 2       ×  1 2       ×  1 2
 ───────      ───────      ───────      ───────
    2 8          2 8          2 8          2 8
  1 4          1 4          1 4          1 4
 ───────      ───────      ───────      ───────
 0.1 6 8      0.1 6 8      0.1 6 8      0.1 6 8
```

5. 根据 $36 \times 2.4 = 86.4$，直接写出下面算式的积或因数。

$3.6 \times 2.4 =$（      ）        $0.24 \times 3.6 =$（      ）        $360 \times 0.24 =$（      ）

（      ）×（      ）$= 0.864$

※ **智慧大挑战**

6. 亮亮这样计算 $2.7 \times 1.3$，你能看明白吗？想一想，填一填。

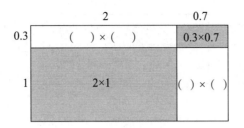

2+（ 　　 ）+（ 　　 ）+0.21 =（ 　　 ）

## 小数乘小数（2）

☑ **思维小练笔**

1. 在○里填上"＞""＜"或"＝"。

54.5 × 0.9 ○ 54.5　　　　　　　1.03 × 5.8 ○ 5.8

1 × 0.96 ○ 1　　　　　　　　　3.78 × 0.98 ○ 3.78 × 1.12

2. 数 *M*、*N* 在数线上的位置如下图所示。*M* × *N* 的位置可能是（ 　　 ）

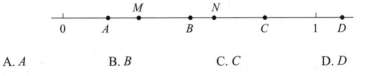

A. *A*　　　　　B. *B*　　　　　C. *C*　　　　　D. *D*

3. 列竖式计算，带"*"的要验算。

0.45 × 1.2　　　　3.3 × 2.6　　　　0.68 × 0.07　　　　*0.25 × 0.14

4. 小薇的体重是 28.5 千克，身高是 1.4 米，妈妈的体重是她的 1.8 倍，身高是她的 1.2 倍。妈妈的体重和身高各是多少？

5. 李阿姨在超市买了一个哈密瓜，哈密瓜的重量如下图所示。她付款时用积分抵扣了 3.9 元，回家查看称量标签时发现标签有缺损。根据下图中的信息，李阿姨实际付了多少元？

| 净重（千克） | 单价（元/千克） | 总价（元） |
|---|---|---|
|  | 9.96 | |

## ※ 智慧大挑战

6. 小华从家出发走了 1.4 小时，平均每小时走 3.6 千米。

（1）根据右图，如果小华往东走，现在在公园的东面还是西面？请说明理由。

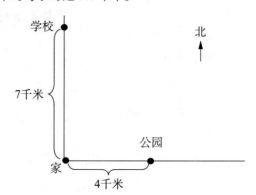

（2）如果是向北走，大概走到哪个位置了？请列式计算，并在图中用"●"表示。

## 积 的 近 似 数

### ☑ 思维小练笔

1. 填一填。

（1）1 箱苹果 18.5 元，5 箱苹果的总价估计会超过（　　）元，但不到（　　）元。

（2）一个两位小数"四舍五入"后的近似数是 3.6，这个两位小数最大可能是（　　），最小可能是（　　）。

（3）小美去香港参加夏令营，买了一个 36 港元的文具盒，折合人民币约（　　　　）元。（当时 1 港元兑换人民币 0.9036 元）

2. 列竖式计算。（按要求分别保留积的小数位数）

（1）得数保留一位小数。

$1.2 \times 2.4$　　　　$5.02 \times 1.7$

（2）结果精确到百分位。

$0.11 \times 0.53$　　　　$0.76 \times 1.45$

3. 根据右图信息，0.75 千克猕猴桃最少含糖多少千克？最多含糖多少千克？（得数保留两位小数）

猕猴桃的含糖量很高，每千克猕猴桃含糖 0.08~0.14 千克。

4. 把 12 个如右图所示的羽毛球放在圆筒里，这个圆筒的长至少需要多少厘米？

9厘米

2厘米5毫米

?

※ **智慧大挑战**

5. 一根绳子对折 3 次后，每段 2.36 米。这根绳子全长约多少米？（得数保留一位小数）

## 整数乘法运算律推广到小数（1）

### ☑ 思维小练笔

1. 根据运算律填空。

（1）$3.2 \times 1.25 \times 2.5 = (1.25 \times$ ＿＿＿ ) ○ ( $2.5 \times$ ＿＿＿ )；根据（　　）律和（　　）律。

（2）$2.54 \times 0.18 + 0.18 \times 7.46 = 0.18 \times ($ ＿＿＿ ○ ＿＿＿ )；根据（　　）律。

（3）$0.24 \times 1.8 + ($ 　　 $) \times 1.8 = 1.8$。

2. 如果甲 $\times 0.42 =$ 乙 $\times 1.75$（甲、乙都不等于 0），那么（　　　）

A. 甲＜乙　　　　　B. 甲＝乙　　　　　C. 甲＞乙　　　　　D. 无法确定

3. 用简便方法计算下面各题。

$8.4 \times 1.25 \times 0.8$　　　　$4.5 \times 10.1$　　　　$3.6 \times 99$　　　　$1.25 \times 7.2$

4. 根据下表信息，买 6 千克香蕉的总价比 6 千克梨的总价便宜多少钱？

| 水果种类 | 苹果 | 橘子 | 梨 | 香蕉 |
|---|---|---|---|---|
| 单价（元 / 千克） | 8.6 | 3.4 | 5.8 | 4.2 |

5. 一种钢轨每根长 1.25 米，每米重 4.4 千克。80 根这种钢轨重多少千克？合多少吨？

### ※ 智慧大挑战

6. 能试着用简便方法计算吗？

$1.25 \times 6.17 + 0.125 \times 18.3$

## 整数乘法运算律推广到小数（2）

1. 下面的计算对吗？对的打"√"，错的打"×"并改正。

| | | |
|---|---|---|
| $6.5 \times 0.25 + 0.75$ | $3.5 \times 10.2$ | $0.4 \times 1.25 \times 8 \times 2.5$ |
| $= 6.5 \times 1$ | $= 3.5 \times 10 + 0.2$ | $= 0.4 \times 2.5 + 8 \times 1.25$ |
| $= 6.5$　（　　） | $= 35 + 0.2$ | $= 1 + 10$ |
| | $= 35.2$　（　　） | $= 11$　（　　） |

改正：　　　　　　　　改正：　　　　　　　　改正：

2. 小美在用计算器计算 $34 \times 2.8$ 时，计算器上的"8"不灵了，她可以怎样计算？列出算式。

3. 某品牌乒乓球价格如右表所示。

（1）买 1 盒一星乒乓球比买 6 个散装一星乒乓球贵多少元？

（2）买 3 盒二星乒乓球比买 3 盒三星乒乓球便宜多少钱？

| 等　级 | 一星 | 二星 | 三星 |
|---|---|---|---|
| 散装单价（元/个） | 0.7 | 2 | 3.5 |
| 盒装单价（元/盒） | 9 | 12.2 | 15.2 |

4. 一个普通番茄重约 0.36 千克，"太空种子"结出的番茄重约是它的 3.5 倍，"太空种子"结出的番茄约比普通番茄重多少千克？

## ※ 智慧大挑战

5. 明明计算"$1.2 \times (\triangle - 0.8)$"时，误算成"$1.2 \times \triangle - 0.8$"，这样得到的结果与正确的结果相差多少？

☑ **思维小练笔**

1. 妈妈带 100 元去买水果，买了 5 千克苹果，每千克 4.5 元，还买了 3 千克梨子，每千克 8.8 元，剩下的钱够买一盒 43 元的草莓吗？够买一盒 60 元的草莓吗？

| | |
|---|---|
| 5 千克苹果不到（　　）元，3 千克梨子不到（　　）元，所以 5 千克苹果、3 千克梨子和一盒 43 元的草莓不到（　　）元，钱（　　）（填"够"或"不够"）； | 5 千克苹果超过（　　）元，3 千克梨子超过（　　）元，所以 5 千克苹果、3 千克梨子和一盒 60 元的草莓超过（　　）元，钱（　　）（填"够"或"不够"）。 |

2. 计算下面各题，怎样简便就怎样计算。

$18.8 - 8.8 \times 1.7$　　　　　$5.5 \times 9.8$　　　　　$19.7 \times 6.3 + 4.7 \times 19.7 - 19.7$

3. 丽丽到书店买 2 本《故事大王》和 3 本《作文大全》，每本《故事大王》14.8 元，每本《作文大全》22.6 元，付给售货员 100 元够吗？

4. 刘叔叔骑自行车每小时骑行 12 千米，他从家到公司要用 0.3 小时。如果改用步行，每小时走 3.8 千米，用 0.8 小时能到公司吗？

※ **智慧大挑战**

5. 王老师带 31 名学生去研学，票价信息如右图所示，往返的交通费 1600 元够吗？

单程票价
成人票：
54.5元/人
学生票：
25.8元/人

**解决问题（2）**

☑ **思维小练笔**

1. 芳芳家上网套餐的收费标准：每月缴 30 元可以上网 50 个小时，超过 50 个小时的部分，每小时收费 1.2 元（不足 1 小时按 1 小时计算）。芳芳家 9 月上网 75.4 小时，一共应缴上网费多少元？

三位同学分别进行了解答，请在正确的方法后面画"√"。

丽丽：30+1.2×（76−50）（　　　）　　　　欢欢：1.2×75.4（　　　）

辰辰：1.2×76−（1.2×50−30）（　　　）

2. 为了鼓励市民节约资源，倡导节约用水用电，某市居民水、电费均采用阶梯计价，收费标准见下图。

| 某市居民用水实行阶梯水价，以月为计价周期，分为三个档次。 | | |
|---|---|---|
| 类 别 | 用水量（吨/月） | 水的价格（元） |
| 第一档 | 18（含）以下 | 2.2 |
| 第二档 | 19~40（含） | 3.3 |
| 第三档 | 40 以上 | 6.6 |

| 某市居民用电实行阶梯电价，以月为计价周期，分为三个档次。 | | |
|---|---|---|
| 类 别 | 用电量（千瓦时/月） | 电价（元） |
| 第一档 | 230（含）以下 | 0.49 |
| 第二档 | 231~420（含） | 0.55 |
| 第三档 | 420 以上 | 0.79 |

（1）小美家 8 月用水 19 吨，用电 423 千瓦时，计算小美家 8 月水、电费共多少钱？

（2）你对小美家的用水、用电有什么建议？

※ **智慧大挑战**

3. 出租车通常采用打表计费。某地出租车的计价标准是：3 千米及以内 12 元，超过 3 千米的部分，每千米 2.5 元（不足 1 千米按 1 千米计算）。李叔叔乘

第四章 ·评：育人本位科学评 · 175

坐出租车行驶 9.3 千米。

（1）李叔叔应付多少出租车费？

（2）出租车分段计费标准与上一题的水、电分段计费标准有什么区别？说说为什么这样设计。

## 整理和复习

☑ **思维小练笔**

1. 填一填。

（1）计算 7.04×0.95 时，先按整数乘法算出 704×95 的积是（　　　），再看原来因数中一共有四位小数，就从积的右边起数出（　　　）位点上小数点，因此 7.04×0.95 =（　　　）。

（2）世界名画《最后的晚餐》长 8.85 米，高 4.97 米，估算它的面积不会超过（　　　）。

（3）在 ○ 里填上 ">" "<" 或 " = "。

6.8×3.9 ○ 6.8　　　　0.99×2.5 ○ 2.5　　　　4.7×0.7 ○ 0.07×47

（4）5 米 80 厘米 =（　　　）米　　4.25 千克 =（　　　）千克（　　　）克

（5）1 吨海水含盐 3.07 千克，0.85 吨这样的海水含盐（　　　）千克。

（6）9.954 保留两位小数是（　　　），保留一位小数是（　　　），保留整数是（　　　）。

（7）一个两位小数，精确到十分位是 2.6，这个数最大是（　　　），最小是（　　　）。

（8）某市规定出租车的收费标准是：3 千米以内（包括 3 千米）收费 8 元，超过 3 千米的部分，每千米收费 1.5 元（不足 1 千米按 1 千米计算）。林老师这次乘出租车的行程是 15.4 千米，他应付给司机（　　　）元。

2. 选择正确答案的序号填在括号里。

（1）数 $a$、$b$ 的位置如下图，若 $ab = c$，则 $c$ 的位置是（　　　）

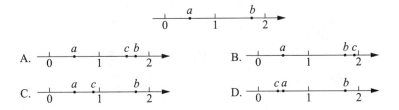

A.  B.  C.  D.

（2）和 5.1×9.9 得数最接近的算式是（　　　）。

A. 5×10　　　　　　B. 5×9　　　　　　C. 6×9

（3）如果甲 ×0.96 = 乙 ×1.15（甲、乙均不为 0），那么甲（　　　）乙。

A. 等于　　　　　　B. 小于　　　　　　C. 大于

3. 计算下面各题，怎样简便就怎样算。

1.25×6.4×2.5　　　　4.5×10.2　　　　0.65+9.9×6.5

4. 藏羚羊的奔跑速度大约可达到每分钟 1.33 千米，非洲猎豹的速度大约是藏羚羊的 1.33 倍。非洲猎豹的速度每分钟大约是多少千米？（得数保留两位小数）

5. 妈妈带 200 元去超市购物。部分商品售价见右图。买 1 桶油、2 袋大米、2.5 千克鸡蛋，剩下的钱还够买 1 袋面粉吗？

| 油：75.8 元 / 桶 | 米：28.8 元 / 袋 |
| 面粉：20 元 / 袋 | 鸡蛋：9.6 元 / 千克 |

6. 下图是某网约车舒适车型在普通时段的收费标准（起步价含里程 2.5 千米，时长 6 分钟）。

舒适车型价格：7.2 元（起步价）+2.6 元 / 千米（里程费）+0.5 元 / 分（时长费）。

李老师要坐这种网约车去体育中心，李老师到达目的地至少需要付费多少元？

| 大路优先 | 备选方案二 | 备选方案三 |
|---|---|---|
| 19分钟 | 20分钟 | 23分钟 |
| 7.2千米 🚦11 | 7.5千米 🚦11 | 6.9千米 🚦18 |

≡ 路线详情　◉ 探路　　　开始导航

## ※ 智慧大挑战

7. 小明学完"小数乘法"，联系以前学过的整数乘法，整理了一份知识清单（部分有空缺）。

（1）请把知识清单中的空缺处补充完整。

| 运　算 | 算式举例 | 算理表达 |
|---|---|---|
| 整数乘法 | $3 \times 40 = 120$ | $(3 \times 1) \times (4 \times 10) = (3 \times 4) \times (10 \times 1) = 12$ 个十 |
| | $30 \times 40 = 1200$ | $(3 \times 10) \times (4 \times 10) = (3 \times 4) \times (10 \times 10) = 12$ 个百 |
| 小数乘法 | $3 \times 0.4 = 1.2$ | |
| | | $(3 \times 0.1) \times (4 \times 0.1) = (3 \times 4) \times (0.1 \times 0.1) = 12$ 个 0.01 |

（2）自主思考：上面四个算式都计算了"$3 \times 4 = 12$"，整数乘法和小数乘法的算理一样吗？为什么？

# 第三节　试卷命制指向育

众所周知，试卷命制是数学教师教学工作中的重要一环，质量监测评价是反馈教学质量的重要途径。一份优质的数学试卷对数学教师教学行为有着直接的导向作用，它能有效促进教师的教与学生的学。然而，命制出一份高质量的数学试卷不是人人都能胜任的，它需要数学教师具备先进的教育理念、扎实的数学功底和命制试题的技能。因此，研究优质数学试卷的衡量标准与命制技术有助于教师的专业成长。

# 一、试卷命制原则

学业质量是学生完成课程阶段性学习后的学业成就表现，反映核心素养要求，是对学生学完一阶段课程后的目标达成度进行终结性评价。试卷评价是评价的重要依据，教师要发挥试卷评价的育人导向，坚持以评促学、以评促教。因此，试卷命制的质量关系着评价导向，关系着育人的方向。为确保命题质量，命题应遵循以下原则。

## 1. 坚持素养立意，凸显育人导向

以核心素养为导向的考试命题，要关注数学的本质，关注通性通法，综合考查"四基""四能"与核心素养。适当提高应用性、探究性和综合性试题的比例，避免出现非数学本质、似是而非的实践性、操作性问题，题目设置要注重创设真实情境，提出有意义的问题，情境设计力求公平，设问方式力求多样，可采用文字、符号、图形、图表等多种方式呈现试题条件，让学生通过阅读，理解其中的数量关系或图形的位置关系，经过适当的推理、判断或探索其中的规律解决相关问题。试题力求体现时代要求，贴近学生生活实际，体现知行合一、学以致用，实现对核心素养导向的义务教育数学课程学业质量的全面考查。

## 2. 遵循课标要求，严格依标命题

全面理解和体现课程标准要求，依据课程标准所规定的课程目标、内容要求、学业要求和学业质量命题，各领域考查内容所占比例与其在课程标准中所占比例大体一致，难易程度分配合理，注意新颖题目的"度"，避免出现"数学试题难，而且太难！数学试题活，而且太活！数学试题新，而且太新""题目道道精，解答步步难""想说爱'你'不容易"等情况。要保证命题的科学性，试题本身没有知识性错误，表述规范，尽可能运用数学术语。

### 3. 规范命题管理，加强质量监测

要重视命题人员选择，强化命题流程规范。一张试卷可以选择两位教师同时命题，在命题前设置好相关考查内容的数量和难易度，再通过比较进行挑选、组合、优化，同时可以邀请有经验的教研员、老师参与指导，形成一份有质量的试卷。试题质量评估要严格，建立质量监测机制，确保命题框架合理、试题命制规范、内容准确无误、情境问题恰当、语言表达清晰、考试结果真实有效。

## 二、试卷命制程序

数学试卷命制工作是一项周密而复杂的脑力和体力劳动，命制教师需要全面地考虑各种因素，这就需要命制工作按规范程序进行。教师只有掌握命制程序及各项要求，才能编制出一份符合考试要求的高质量的数学试卷。

### 1. 明确考查意图

要命制好一份高质量的数学试卷，先要明确考试目标，考试目标是数学试卷命制的出发点和归宿。考试目标是根据学业质量标准要求，明确试卷和每道试题所要考查的数学知识和核心素养的相应表现。

### 2. 制定多维细目表

制定多维细目表是数学试卷命制工作的重点之一，是命制一份高质量数学试卷的重要保障。它是指在内容要求、素养表现的基础上，确定题型题量、难易程度、分值比例等。多维细目表的编制要具体详实，指向明确，便于命题操作，要关注试卷难度、合格率、区分度、信度、效度等指标。

### 3. 创设合理情境

根据考查意图，结合学生认知水平和生活经验，设计合理的生活情境、

数学情境、科学情境，关注情境的真实性，适当引入数学文化。

### 4. 设置合理问题

问题的设置要有利于考查学生对数学概念、性质、关系、规律的理解、表达和应用，注重考查学生的学习过程、思维过程，避免死记硬背、机械刷题。

### 5. 制定评分标准

评分标准应具有科学性、可操作性。对开放性、综合性较强的试题，要合理设计多层次任务的评分标准。

## 三、试卷命制实例

### 人教版小学数学三年级下册期末素养评价试卷

（设计者：厦门海沧延奎实验小学　谢美兰）

**一、细心观察，认真计算。（12分，6分+6分）**

1. 直接写出得数。

$480 \div 8 =$ $\qquad$ $80 \times 70 =$ $\qquad$ $3.6 - 0.4 =$

$1.3 + 0.8 =$ $\qquad$ $0 \div 38 =$ $\qquad$ $40 \div 2 \times 2 =$

2. 列竖式计算。

$43 \times 25$ $\qquad$ $256 \div 6$ $\qquad$ $8.7 - 1.5$

**二、冷静思考，正确填写。（29分，第10题第二个空3分，其余每空2分）**

3. 2023年1月17日翔安大桥主桥正式通车，路线全长十二点三千米，写作（　　）千米；跨越海域宽约4.2千米，读作（　　）千米。

4. 在括号里填上合适的单位。

一部智能手机屏幕大约是85（　　）。

教学楼的高大约是 15（　　　）。

5. 下面是光明社区居委会的停水通知。

---

**【停水通知】**

光明社区的各位居民：雨污分离是我市重点民生工程，3月16日起将进行地下排水管道更新，因此要进行分区停水。
　　具体安排如下：

| 1区：9:00—12:00 | 2区：10:00—12:00 |
| 3区：12:00—15:00 | 4区：14:00—18:00 |

光明社区居委会

---

17:20，李叔叔家还没恢复供水，以此判断：李叔叔家在（　　　）区，还需等待（　　　）分钟才能供水。

6. 右图是厦门市部分地铁线路图，请你认真观察，回答下面问题。

（1）火炬园站在吕厝站的（　　　）方向。

（2）张阿姨住在华荣路站附近，她每天到体育中心站附近上班。她乘坐地铁 3 号线，从华荣路站出发，先向（　　　）方向坐 1 站到达湖里公园站，再向（　　　）方向坐 2 站到达体育中心站。

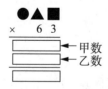

7. 下图竖式中，箭头所指的乙数是甲数的（　　　）倍。

$$\begin{array}{r} ● ▲ ■ \\ \times \quad 6\ 3 \end{array}$$
　　　　　← 甲数
　　　　　← 乙数
　　　　　

8. 根据"厦门市全日制中小学 2023—2024 学年度校历表"，小学第二学期于 2024 年 7 月 5 日学期结束，暑假从 7 月 6 日至 9 月 1 日，今年的暑假共有（　　　）天。

9. 下图是由 5 个相同的正方形构成的。这个图形的周长是 240 厘米，每一个正方形的边长是（　　　）厘米。

10. 小明去学校需要 10 分钟，学校规定早上 8:20 到校，他今天需提前 10 分钟到校打扫卫生。小明最迟可以选择哪个时间点出发？

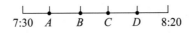

我的选择是（　　　）。

我的想法是（　　　　　　　　　　）。

## 三、反复比较，慎重选择。（15 分）

11. 下图中的阴影部分可以用 0.4 来表示的是（　　　）。

12. 比较右边两个图形的周长和面积，它们的（　　　）。

A. 周长相等，面积相等

B. 周长不相等，面积相等

C. 周长相等，面积不相等

D. 周长不相等，面积不相等

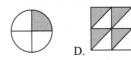

13. 根据 $9\overline{)\square\square\square}$ <sup>6</sup>，被除数百位上的数可能是（　　　）。

A. 5　　　　　　　B. 5 或 6　　　　　　　C. 6 或 7　　　　　　　D. 无法确定

14. 丽丽从少年宫出发，先向西南走了一段路，接着向北走，再向西走了一段路，到达公园。丽丽的行走路线是（　　　）。

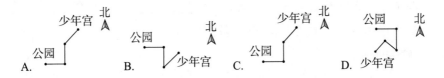

15. "要解决 5 天卖了多少瓶"的问题，需要用到的信息是（　　　）。

每箱15瓶　　　　每瓶售价3元

A. 3 元、5 天、9 箱、15 瓶　　　B. 3 元、9 箱、15 瓶

C. 5 天、9 箱、15 瓶　　　　　　D. 5 天、15 瓶

## 四、走进生活，解决问题。（50 分，8 分 +8 分 +8 分 +10 分 +10 分）

16. 如右图，长方形花圃中划出一块正方形区域栽种郁金香。如果栽种郁金香区域的面积是 4 平方米，那么这个长方形花圃的总面积约多少平方米？（在图上画一画，把你的想法写下来）

17. 鼓浪屿是著名的国家 5A 级旅游景区，与厦门岛隔海相望，至高点为日光岩。李叔叔一家计划从海沧区嵩鼓码头乘坐渡轮到内厝澳码头，再步行至日光岩游览（路线如右图）。导航的推荐方案是全程约 2900 米，总用时 32 分钟。

（1）内厝澳码头在嵩鼓码头的（　　　）方向。

（2）李叔叔一家 8:00 从嵩鼓码头出发，10 分钟后到达内厝澳码头，手机导航显示距离日光岩还剩 1200 米。如果他们每分钟步行约 50 米，能在导航预计的时间内到达终点吗？

18.某自助餐店的日常价格如下：自助午餐160元/人，自助晚餐180元/人，身高1米以下儿童免费，1米以上儿童半价（价格为成人价格的一半）。为迎接六一儿童节，特推出六一多种优惠方案（如下图）。

| 【优惠方案一】 | 【优惠方案二】 | 提示：享免单优惠后不得再参与代金券优惠。 |
|---|---|---|
| 3人同行，一人免单（限儿童使用） | 代金券：满100减30 每桌不限张数，全场通用 | |

3名家委带着三年级学习小组9名同学于儿童节当天晚上到这家饭店就餐，怎样付钱更划算？

19. 每年3月是近视防控宣传月，为了增强学生爱眼、用眼、护眼意识，培养良好的用眼习惯，每年3月学校都会开展"保护视力，让眼睛更明亮"的视力筛查活动。以下是某个班级其中两年的视力筛查结果。

**A 年级视力筛查结果**

| 视力等级划分 | 人 数 |
|---|---|
| 视力正常（≥ 5.0） | 28 |
| 轻度不良（= 4.9） | 11 |
| 中度不良（4.6 ≤ 视力 ≤ 4.8） | 10 |
| 重度不良（<4.5） | 1 |

**B 年级视力筛查结果**

| 视力等级划分 | 人 数 |
|---|---|
| 视力正常（≥ 5.0） | 13 |
| 轻度不良（= 4.9） | 5 |
| 中度不良（4.6 ≤ 视力 ≤ 4.8） | 10 |
| 重度不良（≤ 4.5） | 22 |

温馨提醒：轻度、中度、重度都归属为视力不良；视力检测结果中，一眼属于视力不良，则该学生属于视力不良类人员。

（1）请将上面的数据整理到下表中。

| 视力等级划分 | 视力正常<br>（≥ 5.0） | 轻度不良<br>（= 4.9） | 中度不良<br>（4.6 ≤视力≤ 4.8） | 重度不良<br>（≤ 4.5） |
|---|---|---|---|---|
| A 年级人数 | | | | |
| B 年级人数 | | | | |

（2）结合数据分析，A 年级和 B 年级分别是这个班级在几年级时做的筛查结果？请说明理由。

20. 同学们，我们已经学习了两位数乘两位数的竖式计算。其实，计算乘法的方法有很多种。请看下面的计算方法，认真阅读理解。

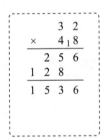

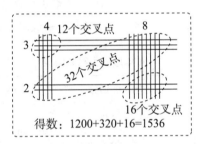

我们学习的竖式计算　我国台湾地区用的"视窗法"　　　　画线方法

（1）请按照我国台湾地区用的"视窗法"计算下面题目。

24 × 23

（2）上面三种计算乘法的方法，它们的计算道理一样吗？请说明理由。

# · 点 评 ·

新课标理念下，不仅要实现学习变革，更要实现评价变革。

"聚焦能力素养，导向教学评一致"的试卷命制理念，旨在通过科学合理的试题设计，全面评估学生的核心素养和能力发展水平，同时促进教学与评价的紧密结合，为学生的学习成长和教师的教学改进提供有力支持。本试卷从以下几个方面聚焦评价变革。

1. 深化探索过程，突出知识本质。

数学教学不仅仅是让学生掌握基本的数学概念和技能，更重要的是通过深入探索知识的形成过程，帮助学生理解数学的本质。学生需要通过观察、实验、推理、验证等过程，逐步建构自己的数学知识体系，从而培养独立思考和解决问题的能力。

2. 设计学习任务，提升能力素养。

新课标理念下，要摒弃机械记忆的学习方式，注重培养学生的能力素养。教师要设计具有挑战性和启发性的学习任务，引导学生主动探索、发现和应用数学知识，实现实践能力和创新精神的培育，为未来的学习和生活打下坚实的基础。

3. 聚焦评价目标，导向教学评一致。

从知识层面来看，从传统的考查知识走向考查过程本质；从学习方式来看，从传统的考查机械记忆转向考查能力素养。以上两大评价变革应该匹配教学方式变革："以教为主"转向"学为中心"，从知识的传授转向能力素养的培育。以评价目标为导向，进行逆向教学设计，从而通过教学评的变革，实现教、学、评的高度一致。

## 人教版小学数学六年级毕业素养评价试卷

（设计者：厦门海沧延奎实验小学　颜艳红）

**一、反复比较，对号入座。**（把正确答案的序号填在括号里）（共18分）

1. 下面工具中，度量篮球场的周长最适合的是（　　）。

 A.
 B.
 C.
 D.

2. $a$ 是奇数，$b$ 是偶数。下面式子的结果是奇数的是（　　）。

A. $4a+b$　　　　B. $ab$　　　　C. $a+b$　　　　D. $2a+3b$

3. 右图是一个由扣条拼成的四边形，如果把它拉斜变成另一个不同形状的四边形，拉斜后的四边形具有的特性是（　　）。

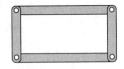

A. 四个内角相等　　　　　　B. 四个内角都是锐角

C. 四条边相等　　　　　　　D. 对边平行且相等

4. 如右图所示，$A$、$B$ 分别是长方形长和宽的中点，则阴影部分的面积是长方形面积的（　　）。

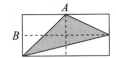

A. $\dfrac{3}{8}$　　　　　　　　B. $\dfrac{1}{2}$

C. $\dfrac{5}{8}$　　　　　　　　D. $\dfrac{3}{4}$

5. 下列选项中，（　　）是下面正方体的展开图。

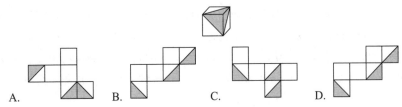

A.　　　　B.　　　　C.　　　　D.

6. 下图是某地区 6~12 岁儿童平均体重情况统计，下列说法中正确的是（　　）。

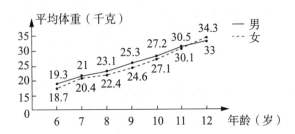

A. 男生平均体重始终高于女生

B. 12 岁时每个女生都比男生重

C. 平均体重与年龄增长成正比例关系

D. 女生在 11~12 岁体重增长速度最快

## 二、用心思考，细致填写。（共 22 分）

7. 2024 年 6 月 30 日，深中通道通车试运营，总投资 46000000000 元人民币。将横线上的数改写成以"亿"为单位的数，是（　　　）亿。

8.（1）如点 $B$ 表示 $\frac{1}{5}$，则点 $C$ 表示的数是（　　　）。

（2）如点 $D$ 表示 0.5，则点 $A$ 表示的数是（　　　）。

9. 小美从家出发到 6 千米外的文化宫。

（1）小美（　　　）到达少年宫，她在 3 千米处休息了（　　　）分钟。

（2）小美返回的速度是（　　　）。

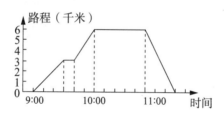

10. 如右图，把一张长方形纸对折成两半。以折痕为底，画一个等腰直角三角形。沿着它的另外两条非折痕边剪下这个图形，把剪下的图形打开。这个剪下的图形的面积是（　　　）平方厘米。

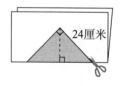

11. 如下图，在橡皮筋动力小车直线竞速赛中，两辆小车从点 $A$ 出发，1 号车跑到点 $C$ 与 2 号车跑到点 $B$ 的时间相同，则 1 号车的速度与 2 号车的速度比是（　　　）。

12. 航海和航空通常采用方位角来判定方位，它是由正北方向顺时针旋转至指定方向所形成的角，一般用三位数表示。正北方向表示为 0°，正南方向表示为 180°，则正东方向表示为（　　　）°。

13. 如下图，在杠杆右侧距支点 20 厘米处挂 3 个砝码（即 30 克），在杠杆左侧距支点 10 厘米处要挂（　　　）克的物体，才能保持支架平衡。

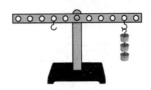

14. 右图的几何体是由棱长为 1 厘米的小正方体拼成的。如果把它的表面涂上颜色，5 面涂色的小正方体有（　　　）个；至少要再加（　　　）个小正方体，才能变成一个更大的正方体。

## 三、耐心审题，巧思妙算。（共 12 分）

15. 用你喜欢的方法计算。

$$11.59 - (1.59 + 3.2) \qquad \frac{5}{12} \times \frac{3}{5} \div \frac{7}{8} \qquad 36 \div \left[ \left( \frac{5}{6} - \frac{1}{3} \right) \times 3 \right]$$

## 四、认真细致，实践操作。（共 12 分，6 分 +6 分）

16.

上图中的两个直角三角形和长方形可以拼成哪些已学过的图形？在下面方格纸中画一画。（至少画出三种不同的拼法）

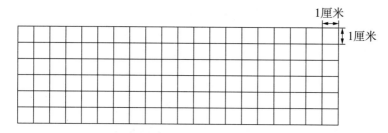

17. 请设计一个图形，使它的周长与直径为 8 厘米的圆的周长相等，画一画并标出相关的数据。（至少画出两种不同的图形）

**五、走进生活，解决问题。**（共 36 分，5 分 +5 分 +9 分 +10 分 +7 分）

18. 动车和高铁都是现代化的交通工具。动车的最大运营速度通常为 250 千米 / 时左右，福厦高铁的最大运营速度比动车提高了 $\frac{2}{5}$，福厦高铁的最大运营速度达到多少千米 / 时？

19. 右边 3 个容器中都装有一些水，如果在每个容器中都放入一个体积 600 立方厘米的铁块，铁块完全浸没在水中，且水没有溢出。水面上升最多的是哪一个容器？请说明理由。

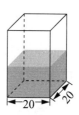

20. 同学们，我们已经学习了整数、小数和分数乘法。小美在计算整数乘法时是这样思考的：

| | |
|---|---|
| $3 \times 2$ | $30 \times 20$ |
| $=(3 \times 1) \times (2 \times 1)$ | $=(3 \times 10) \times (2 \times 10)$ |
| $=(3 \times 2) \times (1 \times 1)$ | $=(3 \times 2) \times (10 \times 10)$ |
| $=6 \times 1$ | $=6 \times 100$ |
| $=6$ | $=600$ |

（1）请你照样子算一算下面的两个算式。

0.3 × 0.2 $\qquad$ $\dfrac{3}{7} \times \dfrac{2}{5}$

（2）这种方法也能运用到除法计算中吗？请举例说明。

21. 某学校对六年级女生 1 分钟仰卧起坐进行调研，随机选取了 30 名六年级女生进行测试，并将数据进行整理（见下图）。

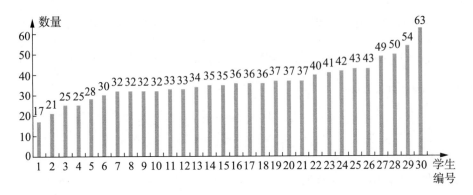

六年级女生 1 分钟仰卧起坐等级标准见下表。

| 等 级 | 优秀 | 良好 | 及格 | 不及格 |
|---|---|---|---|---|
| 数 量 | ≥ 45 | 39~44 | 19~38 | ≤ 18 |

（1）请根据以上信息对该校六年级女生 1 分钟仰卧起坐的整体情况作出评价，并说明理由。

（2）请根据六年级女生 1 分钟仰卧起坐的调查情况，帮助体育老师制定适合该校六年级女生 1 分钟仰卧起坐的评价标准，并说明理由。

22. 某学校开展阳光体育大课间活动，以下为各年级的人数及活动项目。

| 年　　级 | 一年级 | 二年级 | 三年级 | 四年级 | 五年级 | 六年级 |
| --- | --- | --- | --- | --- | --- | --- |
| 人　　数 | 305 | 298 | 308 | 310 | 302 | 299 |

| 年　　级 | 一、二年级 | 三、四年级 | 五、六年级 |
| --- | --- | --- | --- |
| 活动项目 | 跳短绳 | 8 字跳长绳 | 跑步 |
| 项目要求 | 4 平方米 / 人 | 10 平方米 / 组 | 前后距离 1 米 |

请根据相关信息规划各年级活动区域，在学校 200 米环形跑道示意图（见下图）上画一画，并说明理由。

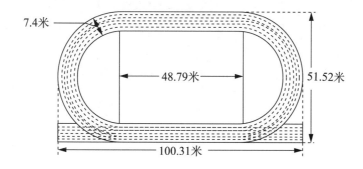

2. 命题注重体现灵活开放。

为了培养学生的创新思维和理性精神，在命题时注重灵活性和开放性。通过设计一些有多种解题思路的题目，鼓励学生从不同角度、运用不同方法去思考问题、解决问题，激发学生的探索欲和求知欲，促使他们在解题过程中不断尝试、不断反思。多样化的问题解决思路能有效避免学生死记硬背、机械刷题的现象，提升学生的数学思维能力。

3. 命题注重培养综合能力。

数学核心素养的培养离不开综合能力的提高。因此，在命题时，注重将数学知识与其他学科或领域相结合，设计跨学科、综合性的题目。这些题目不仅考查学生的数学知识和技能，还涉及语言表达、逻辑推理、信息技术等多个方面，体现了知行合一、学以致用，发展了学生的应用意识和创新意识等核心素养。

# 第五章 · 研：发展本位全新研

强教必先强师，只有"以发展为本位"才能打造育人的"大先生"，让其成为推进新时代教育高质量发展的关键力量。校本研修是教师专业发展的主渠道，"发展本位全新研"要坚持专业发展目标，坚持教学问题导向，坚持教学研究质量，要加强组织建设，聚焦教学难点，创新教研方式，通过全科沉浸式教研练兵、全组互动式集体练课、全员递进式个人练型，以"三全三式三练"的校本研修全新方式促进人人都能获得良好的专业发展，不同的教师在专业上得到全新的发展。

## 第一节　沉浸式教研练兵

每所学校都会把校本研修当作教师专业发展的主阵地。好的教研有利于提高教师教育教学水平，促进教师专业发展，提升学校教学质量，形成学科教学经验和教学特色。但是，校本教研怎样"研"才更加有效呢？

### 一、教研组校本教研形式

现在大多数学校每周或每两周有一次教研组活动，即在3~4节课的教研活动中，听1~2节研讨课，再评一下课。试想一下，这样的教研活动有几个人受益？除了上课的老师和参与评课的老师是认真的，其他老师如果自己主动学习的欲望不强，就很难有大的收获。可见，有效的教研才能帮助教师成长。怎样的教研才是有效的？经过实践，我认为沉浸式的教研是有效的。沉浸式的校本教研重在"全"和"练"："全"是指"全员""全科"和"全程"；"练"是每个人都参与"练兵"，每个人都得到锻炼。沉浸式校本教研方式可以通过下面四个过程达到有趣、有效、有味的效果。

### 1.人人参与，提前准备——练态度

教研不是让教师无准备地去应付，那么，如何激发教研组教师全员、全程参与呢？让教师提前准备，带着思考和问题参加。教研前一周，要告知教师教研的主题，每人都要思考、搜索与教研主题相关的理论、观点，同时根据教研主题准备一节同课教学设计。研前的理论与实践准备，能激发每个教师的参与兴趣和热情。

### 2.随机抽签，适度紧张——练应变

为了提升每个教师教研前准备的质量，教研中，在小组交流、讨论后通过现场抽签确定发言的教师。抽签的对象不照顾任何人，体现人人拥有均等的机会。抽签发言虽然会有紧张的过程，但也正是这份紧张，逼着教师在教研前做好充分的准备，在小组交流中专注投入、积极思考、认真准备。抽签发言的适度紧张也是在锻炼教师的应变能力。

### 3.主题研讨，分类推进——练技术

学校教研组的教研内容应统筹规划，根据新课标、新理念，有序安排教研主题。可以是学校课题研究的主题；也可以是课标中有重要变化的内容，如大单元教学、跨学科主题学习、教学评一致性、学科实践等；还可以按照小学数学四个学习领域的内容逐步推进。目的是让教师循序渐进提升教学能力，更好地落实核心素养。

### 4.借助技术，真实评价——练反思

反思是提升专业水平的有效途径，课堂教学应体现"学为中心"，把

"转教为学"的理念落实在课堂上。课堂评价上除了常规的教师观察，还应该借助信息技术，如人工智能课堂评价分析系统，以数据分析诊断教学的得与失，用数据说话，引导教师更加精准教学，让信息化助力教育现代化。

## 二、教研组校本教研实例

下面这个教研案例记录了厦门海沧延奎实验小学数学组 120 分钟的教研全过程，是一场可借鉴的数学教研组校本研修案例。

### 问题导向的单元整体教学设计与实施
#### ——以"数与运算"教学为例

（设计者：厦门海沧延奎实验小学　易增加、王龙玲）

### 一、教研背景

近年来，在学校领导的引领下，结合名师工作室活动，我校数学组开展了多个省、市有关"问题导学"的课题实践研究，取得了一定的研究成果，也形成了可行的教学模式。《课标 2022》颁布后，我们确立了课程目标是以发展学生核心素养为导向。在教学上，又指出要"改变过于注重以课时为单位的教学设计，推进单元整体教学设计""促进学生对数学教学内容的整体理解与把握，逐步培养学生的核心素养"。可见，推进单元整体教学，是培养学生核心素养的有效途径。

通过前期的问卷调查，我们发现组内老师对单元整体教学的认识并不系统。一部分老师未转变理念，依旧习惯立足"课时"进行备课和教学；还有的老师尝试实践，但对如何开展单元整体教学存在困惑。

### 二、教研意义

基于以上分析，结合已有的研究成果，数学组尝试将"问题导学"和单元整体教学进行整合，旨在以"问题"为抓手，逐步探索单元整体教学设计与实施路径，推进单元整体教学有效落地，践行新课标理念，培养学生核心素养。

## 三、教研主题

问题导向的单元整体教学设计与实施——以"数与运算"教学为例。

## 四、分组形式

数学组团队中有特级教师，省、市、区级学科带头人，市、区级专家型教师，市、区级骨干教师等。为充分发挥其示范引领作用，教研活动以"专家引领、老、青、新教师搭配"为原则划分小组，开展三级带教教研活动，让每一位教师都获得发展。具体分组名单略。

## 五、研前任务

教研前一周，每位数学教师都要完成两项任务。

任务一：理论学习，通过搜索、整理，弄清楚三个问题，即（1）为什么要进行单元整体教学？（2）什么是单元整体教学？（3）如何基于问题导向进行单元整体教学，打造学·思课堂？

任务二：每人围绕大单元教学理念，进行问题导向的单元整体教学课例设计［人教版小学数学四年级下册"交换律"（含加法交换律和乘法交换律）］，形成教学设计和上课课件。

---

**· 设计意图 ·**

围绕教研主题，设计三个问题，布置前置学习任务，为教师的前置学习和思考指引方向，从而能带着更多的思考走进教研活动，为后续教研活动有深度地推进做好铺垫。

---

## 六、教研时间

本次教研时长为 120 分钟，分三个阶段进行。

第一阶段：分组交流、碰撞、抽签汇报研前布置的两项任务，形成大单元教学的共识，形成交换律教学设计的共识。

第二阶段：现场抽签确定上课教师，抽到的教师现场授课，其他教师听课。

第三阶段：分组讨论、评课，形成大单元教学的共识。

# 七、教研过程

## （一）以问导思，形成共识

1. 组内交流，梳理观点。

主持人：请老师们带着这三个问题（任务一中的三个问题）在组内交流 5 分钟，5 分钟后我们会抽签选定小组，之后小组派代表来分享你们组内的思考。

2. 抽签到组，代表汇报。

现场抽签汇报小组，此次抽到 C 组、A 组和 F 组。

C 组代表胡妙玲：我们小组刚才针对组长在教研前提出的三个问题展开了激烈讨论，我们讨论得比较透彻的是第一个问题，即为什么要进行单元整体教学？第一，是国家培养人才的需要。我们现在正处在一个科技飞速发展的时代，国家需要培养创新型人才。第二，是"双减"政策的需要。大家都知道单元整体教学更能打通教材之间的联系，促进学生在思想方法上的融会贯通，提升学习效果，这样才能真真正正地减轻学生的负担。第三，是培养学生核心素养的需要。《课标 2022》最大的特点就是从"知识本位"转向"素养本位"，数学课程要培养的学生核心素养是指通过数学活动，让学生逐渐形成正确价值观、必备品格和关键能力。数学学科独特的育人价值是现代社会公民素养的重要组成部分，指向学科核心素养的单元整体教学是落实立德树人、发展素质教育、深化课程改革的必然要求，也是学科核心素养落地的关键路径。第四，是数学学科知识结构化的需要。数学知识本身是有结构和联系的，数学内在的逻辑结构呼唤结构化的教学，也就是我们平常的教学要以联系的、结构化的视角去设计每节课，要以单元整体教学的意识去融合数学知识、数学方法、数学活动和数学思想，促进它们相互联系，形成结构化的知识和结构化的思维。

A 组代表林惠秋：我代表 A 组分享的主题是，什么是单元整体教学。我从两个方面来汇报：第一方面是单元整体教学的背景。随着教育改革的不断推进，单元整体教学备受推崇，我国著名教育家梁启超、叶圣陶也对其作过论述。后来，大单元概念的出现使得单元教学得到丰富和拓展。在以探究为理念的新课程改革下，单元整体教学的模式成为国内研究新的方向，在新课标中体现为：第一，在课程内容组织上明确提出对内容进行结构化的整合，探索发展学生核心素养的路径；第二，在课程实施中明确指出要选择能引发学生思考的教学方式，并提出要进行单元整体教学，就是要改变过于注重以课时为单位的教学设计，推进单元整体教学设计，体现数学知识之间的内在逻辑关系，以及学习内容和核心素养表现的关联。第二个方面分享的是单元整体教学的内涵。华东师范大学课程与教学研究所所长崔允漷教授提出大单元教学是整合论教学的实践，是以大观念、大任务、大项目、大问题为中心的教学，有利于学生的深度学习，这个核心目标将零散的数学知识整合设计成有系列的知识块，引导学生触摸知识的内核，获得数学素养的提升。如何实现数学学习过程的最优化呢？我们从以下三个方面来看：一是本单元知识的整合。以本单元知识为原点，梳理教材中同一个内容或者是相关内容之间的关联，发挥教材中知识的节点效应，形成一个大概念的网络，凸显知识间的本质联系。二是单元间知识的整合。在整体把握数学知识体系上，我们梳理教学内容，分析不同单元或者不同模块之间知识的联系，把具有内在联系的知识整合成一个单元。三是跨学科主题的融合。立足本学科的内容，以主题活动的形式从数学知识的纵向结构到多学科内容的横向融合，突出知识的关联性和学习经验的联系，培养学生跨学科的主题意识、综合运用知识来解决实际问题的能力，强化课程的育人功能。以上是我们小组的汇报。

F组代表杜紫红：我们小组分享的内容是第三个问题，即如何基于问题导向进行单元教学，打造学·思课堂？我们在设计单元教学的时候，一直在思考如何把一些重复性的、不必要的环节去掉，然后把时间用在为学生提供一些多元的、综合的学习素材上面，从而清晰地刻画出单元主题活动内容，让学生有充分的时间经历学习过程，实现从知识讲授到核心素养培育这个目标转化。我们先看一下单元整体教学的路径：选择单元学习的主题，进而确定单元的学习目标，根据目标设计跟它相匹配的学习活动。在这个过程中，进行持续性的学习评价。在学习主题确定的基点上，要把握的就是核心素养和核心内容，因为核心内容决定着学生用什么样的方式学习，这就是知识结构和思想方法的结构。在这个基础上，要关注知识结构在纵向和横向上的联系，采用什么样的方式来学习，因此，学习活动设计非常重要。学习活动要能够整合知识技能与态度，要关注情境化的学习，也就是尽量让学生在真实的情境中解决真实的问题，进而掌握相应的知识，同时要关注学习过程、方法以及策略，让学生经历问题产生—解决的过程，建立相应的知识结构，指向高阶思维的发展。以上是我们小组跟大家一起分享的内容。

3. 总结点评，形成共识。

易增加：刚才三组教师代表从为什么、是什么、怎么做向我们阐述了单元整体教学实施的方法。我们一直在思考，以什么载体推动单元整体教学。其实，教研组在这几年研究的问题导向就是一个很好的载体。问题导向就是要从知识点、疑惑点、生长点来设计核心问题，以这三个核心问题推动整节课的单元整体教学，这是我们的第一个共识。第二个共识是单元整体教学给我们带来哪些价值？这些价值怎么落在了课堂？在我看来有三点，一是能够解决数学知识从"自然单元"发展到"教学单元"；二是能够解决数学思考从"知识点"扩展到"知识网"；三是能够解决数学思维从"这一个"到"这一类"。回归到学生的核心素养，史宁中教授认为最重要的数学思想是抽象、推理和模型。所以，每一节课的单元整体教学，都应该围绕抽象、推理和模型来推进。"等一下"的现场课堂，就是要诊断有没有以问题导向来推进整体教学，有没有在整体教学中培养学生抽象、推理和模型的数学思想。

---

**• 设计意图 •**

通过组内交流，更多的观点碰撞，拓宽了思考的广度；以抽签的方式选定小组，再派代表汇报，进一步激发组间的良性适度竞争，点燃更多思考的火花；借助专家的点评和引领，进一步推进思考的深度，形成富有成效的策略。

---

**（二）借问诊断，整合设计**

1. 抽签教学设计，阐述设计思路。

现场抽出两位教师在研前准备的教学设计，两位教师分别阐述自己的设计思路。

设计者林老师：很开心跟大家分享我的设计思路。《交换律》一课是在学生已经掌握了四则运算的基础上进行教学的，本节课是让学生运用已有的经验，经历提出猜想、举例、验证、得出结论、总结规律这一探究过程，同时注重学习方法的渗透，为高年级的学习打下基础。首先，我创设了一个问题情境，激发学生学习的兴趣。本节课以"李叔叔今天一共骑了多少千米"这一情境，导入加法交换律的学习，吸引了大部分学生的注意力，自然而然地激发了学生学习的兴趣。同时，也为学生学习活动创造了良好的氛围。这样的设计让学生在快乐的氛围中主动思考、发现规律，为举例验证埋下伏笔。接着，学习乘法交换律。因为前面已经学习了加法交换律，这一环节可以让学生自主学习、自主发现，小结乘法交换律。最后，对两个交换律进行总结归纳，确定交换律共有的特征。以上是我的本节课设计思路。

设计者王老师：很高兴能借此机会跟大家分享我关于加法交换律和乘法交换律的教学设计。加法交换律和乘法交换律是人教版数学四年级下册第三单元的内容。我们知道加法和乘法的五个运算定律在数的运算中具有非常重要的作用，被誉为数学运算的基石，而加法交换律和乘法交换律又是数学运算基石中的基石。加法交换律和乘法交换律是在学生已经掌握了加法意义和乘法意义的基础上进行教学的。加法交换律和乘法交换律的内容比较简单，学生在以前的学习过程中就有过浅显的认知基础，只是没有明确的概括，本节课的教学在很大程度上就是帮助学生将以前比较零散的感性认知上升为理性认知。基于以上思考，我从三个方面进行整体设计：第一，整合教材内容，便于整体认知。人教版教材对这部分的编排是先教学加法运算定律，再教学乘法运算定律，最后对比了加法、乘法运算定律之间的联系和区别。由于加法交换律和乘法交换律有内在的联系，对比了人教版、北师大版和苏教版三个版本的教材之后，我对教材进行了整合，将加法交换律和乘法交换律安排在同一个课时进行教学，这样有利于学生感悟知识之间的内在联系和区别，便于形成完整的认知结构，掌握数学的本质。第二，哪些运算交换位置结果不变？从观察、猜想、验证、总结等学习活动中引导学生去观察、发现加法交换律，然后进行知识迁移，让学生大胆猜想——其他运算有交换律吗？进而验证得出乘法交换律。第三，经历了"具体事例—个性化的表示—数学化表示"这个逐步符号化的学习过程。以上是我设计这节课的意图，欢迎大家批评指正，谢谢！

2. 诊断教学设计，汇报诊断结果。

主持人：请老师们围绕这两个教学设计中"是否符合大单元教学特征""问题设计是否有效落实单元整体教学"两个问题展开讨论，5分钟后我们再抽签确定汇报的老师。

抽签确定三位教师汇报。

郭闻娟：我代表 D 小组谈谈对这两节课的看法。首先，两位老师对这节课都进行了整合，但林老师的这节课比较零碎，与新课标的理念相比，整节课教学模式还是稍显陈旧，忽略了知识的内在联系，留给学生自主探究的时间还是较少。而王老师的这节课，将加法交换律与乘法交换律整合在一起，优点有两个：一是整合教材，原本教材是按照四则运算顺序进行教学，而王老师通过重组内容，改变教学顺序来促进学生认识概念。二是问题导向，通过"哪些运算交换位置结果不变"来驱动学生进行探究，最后通过观察、猜想、验证得出只有加法和乘法有交换律的结论，让学习真正发生并走向深度。若是按照教材来教，每节课学习一种运算定律，似乎理解掌握运算定律就是每节课的目标，这样一来，就很容易偏传授式。如果将这些内容进行整合，则更大的目标应该是对运算的灵活选择、合理应用，通过核心问题，利用知识的迁移，驱动学生探究辨析，形成知识的系统认知。其次，我们小组对王老师的教学设计也有一点思考：能否在学生已经验证加法和乘法有交换律之后，再抛出问题，多问一个为什么——为什么加法和乘法有交换律？让学生联系运算的意义来进行探究。比如加法是把两个数合并成一个数的运算，本质是合并，与顺序没有关系，乘法则是求几个相同的加数的和，如 $a$ 个 $b$ 相加的和与 $b$ 个 $a$ 相加的和，都可以用同一道算式来表示，因此加法和乘法是有交换律的。这样一来，既巩固了上面的知识，又可以让学生从另一个层面来理解运算律。以上就是我们组的分享，谢谢大家！

魏艳香：我代表 C 组进行分享。加法加换律和乘法加换律这两节课探究方法相同、数学模型也类似，因此两位老师都将加法交换律和乘法交换律进行了整合，是符合新课标要求的，能够立足于整体教学。我们对林老师的教学设计有以下两点思考：第一，问题要大，也就是说老师的教学设计当中如果小问题特别多，会导致知识比较碎片化，不利于学生进行深度思考，因此，我们建议可以将小问题进行整合，形成较大的任务，让学生有足够的思考空间和表达的空间。第二，知识系统化，林老师的教学设计中是先教学了加法交换律，学完之后再进行乘法交换律知识的教学，它们是有内在联系的，因此，可以让学生利用已经学到的知识，自主完成乘法交换律的探究，以及除法和减法是否有交换律，让孩子迁移探究方法。接下来，我想谈谈王老师的教学设计带给我们的思考。这个教学设计体现了单元教学的新理念，能够沟通教材之间的联系，促进学生深度的理解。他对加法交换律教学是先引导学生观察、发现加法交换律，在学生掌握了加法交换律探究方法的基础上，让学生进行大胆的猜测、验证，得出乘法有交换律，而减法和除法没有交换律。学生经历了"具体事例—个性化的表示—数学化表示"这一逐步符号化、形式化的过程。同时，我们也有一点小小的建议：在学习新知时加入一些具体的情境，让孩子们更加有兴趣。以上是我们小组的交流结果，谢谢大家。

谢美兰：我们组对两个教学设计的思考和建议是这样的。从设计来看，我们发现两位老师都有单元整体教学的理念，能从整个单元的视角出发，重新审视教学内容，打破了教材的顺序，将加法交换律和乘法交换律放在一起进行重组教学，这一点是很符合新课标理念的。我们针对两个教学设计，提出几点建议。第一，在转教为学方面，我们认为林老师的这节教学设计体现得不是那么明显，大部分的问题还是由老师提、学生答；在教学方式上，相对来说还比较传统，可以像王老师那样设计 2~3 个探究活动，让学生自主探究发现、总结规律，真正做到对学生学习力的培养。第二，在整合方面，我们跟刚刚汇报的艳香老师的想法有点相似，两个教学设计其实都对内容进行了整合，但是大家会发现第一节课的整合只是简单地把两个交换律放在一起教学，教完加法交换律再用相同的教学流程去教乘法交换律，这其实没有做到真正意义上的整合。如果能用加法交换律的探究方式来自主研究乘法交换律，这是方法上的迁移。我们小组认为，只有真正实现内容和方法的整合，才能实现单元整体教学的目标，才能对知识进行整体架构，落实学生核心素养的培养要求。可以像王老师的教学设计那样，通过三个研究活动，让学生自主探究加法交换律，掌握探究方法，在初步探究的过程当中产生想要深度探究的欲望——减法、乘法、除法有没有交换律？为什么？这样就能很好地体现学生的主体性，体现"学为中心"的课堂。第三，思维进阶方面，我们组的彩治老师长期在高年段教学，她对学生的思维进阶方面是有要求的。她认为，思维进阶可以通过两个方面来实现：一个是核心问题的设置，另一个是评价层次的设置。第二个教学设计的核心问题相对来说会明确一些。刚刚我们也通过讨论提炼了它的核心问题：（1）什么是加法交换律？如何验证？（2）其他运算有交换律吗？为什么？这样层层递进的核心问题，可以让学生对算式的意义更加理解。第四，在课堂评价层次方面，我们发现第一个教学设计中课堂评价的题目和方式会稍微常规一些，它不太能够匹配我校现在学生的思维水平，可以参照第二个教学设计，既有知识性的题目，又有表达性的题目。所以我们建议，可以将一个综合素材加进来，让学生应用交换律等知识来综合解决这个问题，实现学生思维的进阶、综合能力的培养。以上是我们小组的汇报。

3. 修改教学设计，形成共识案例。

主持人：请小组结合刚才点评的情况，选取这两份设计中的优点，再次进行设计、完善，形成一份体现单元整体教学的设计。讨论时间10分钟，10分钟后现场抽取一位老师来上课。（现场改课的教学设计略）

**（三）带问观课，课堂实践**

主持人：又到了激动的抽签时刻，本场最幸运的人会是谁呢？恭喜周建梅老师成为本场最幸运的人。接下来，我们有10分钟的准备时间，请C组的老师协助周建梅老师做好上课的准备，其他组的老师协助布置场地，妙玲老师帮忙带学生入场。

老师们，接下来我们就进入了课堂实践环节，请老师们带着"课堂是否符合大单元教学特征""问题设计是否有效落实单元整体教学"这两个问题进行观课。同时，我们也开启了人工智能课堂评价分析系统，老师们在观课的同时可以直接在线进行点评。下面就把时间交给建梅老师和四（2）班的孩子。

周建梅老师执教《交换律》。（教学过程略）

**（四）带问评课，反思总结**

1. 评价课堂教学，交流观课思考。

主持人：我们进入这次研讨的最后一个环节——课后评价实践总结。请老师们结合人工智能课堂评价分析系统，在小组内交流。8分钟后，我们会随机抽取老师进行点评。

2. 抽签点评代表，分享组内思考。

颜艳红：老师们好。对于本节课的教学，我们小组交流后有以下几点看法。一是注重了内容的整体性。我们都知道在一年级，学生对加法交换律其实是有感知的，通过数的组成，如 6 = 1+5、6 = 5+1，这样的等式其实是相等的。到了三年级，他们已经会交换两个加数的位置来进行验算。基于学生这样的认知和本单元要学习的内容，我们可以看到周老师对单元进行了一定的整合，不仅让学生探索加法、乘法，还探索减法和除法，体现了知识的内在联系。二是关注知识的建构。首先，围绕加法交换律，学生展开了三个不同层次的思考。周老师采用熟悉的小袋鼠模型引入新课，有效激发了学生的参与热情，也让他们意识到变化中的不变，引出研究主题。然后通过举例，让学生对加法交换律有了初步的自我理解，最后通过一个大问题——两个数相加交换加数的位置和不变，这是真的吗？将教师的导学、个体的探学、同桌的交流、全班的共学，逐步深化为对交换律"变与不变"的理解，最终实现加法交换律从现象到本质的深度认知。有了认知经验之后再提出第二个大问题——减法、乘法、除法有交换律吗？引发学生猜想，使其能够应用已有的方法验证、解释其他运算的交换律，进一步理解定律的普遍性，也帮助学生学会用举反例的方法来否定错误的猜想，让学生在数学问题的探究过程中能够不断拓展知识、加深理解，促进思维发展。三是注意积累学习经验。我们知道每个学生都是一个独立的个体，都有自己的个性思考。课堂上，周老师利用学习单为学生的思考提供了一个广阔的空间。从学习单上可以看到，学生应用举例、图示、文字、字母等多样的表征，来解释定律成立的合理性，逐步加深对交换律的理解，也发展了归纳、推理、猜想、验证等多种能力，更重要的是丰富了学生的学习经验。最后，我们小组在交流的过程中也提出了这样一个思考：考虑到学生其实对这里的知识有一些浅经验，而且知识的内容也比较多，是否可以把某些探究任务作为一个前置性的学习内容，从而为课堂的合作交流留出足够的时间？这是我们小组的一些想法，期待和大家一起探讨。

黄芬芬：我们小组从本课时的设计思想来分析，体现在三个方面。第一，突出内容整合，强化知识结构。将加法交换律和乘法交换律整合为一节课进行教学，有利于学生把握运算律的相似性和对应关系，进而加深对交换律的理解，达到知识之间的互联互通，促进对知识的有效沟通、迁移、拓展和整合。本节课是一节"种子课"，学生完整经历了"呈现实例—探究规律—建构模型—应用结论"的规律探索的一般过程，掌握规律探索的方法结构，是本单元学习方法的普适性。第二，聚焦核心要素，把握数学本质。运算意义是运算律的基础，运算律是对数的运算过程中的基本规律的归纳与总结。在加法交换律、乘法交换律学习的过程中，除了运用不完全归纳法，还渗透了一种反例反驳的方法，通过反例证明猜想错误，让学生明白，猜想通过验证，有时候是正确的，有时候是错误的。同时，还强调引导学生从加法、乘法的意义的角度理解定律模型的正确性（加法就是几个数合起来，乘法就是几个相同加数和的简便运算），引导学生从更加深入的角度理解与掌握加法交换律和乘法交换律。第三，转变学习方式，体现学为中心。《课标2022》指出："学生的学习应是一个主动的过程，认真听讲、独立思考、动手实践、自主探索、合作交流等是学习数学的重要方式"。因此，课堂的主体是学生，教师应该为学生提供充分思考的时间和空间，给予联想、拓展的机会。本节课中有两个探究任务，学生在这个过程中，经历个人独立思考、小组合作交流、全班汇报提升，从而真正做到深度学习。可见，这是一节大单元教学的好课，为新课标的理念落地提供了一次很好的研究机会。希望大家在今后的教学中多研究、多实践、多反思。

杜紫红：各位老师好，我们小组是结合人工智能课堂评价分析系统，以及我们小组的课堂观课来看。先看一下AI分析报告中的几个数据。第一个数据是老师提问的类型。从基础认知问题这一方面来看，周老师提出的基础认知问题是19个，理解型问题占比达58.46%；高级认知问题中，分析型问题、评价型问题、创新型问题占了这节课提问总次数的16.92%；而无认知水平问题有16个。从这些数据来看，周老师还是比较侧重理解型问题，对评价型问题提问较少。看这些数据，我们也可以感受到这节课相对来说难度并不大，对于学生思想迁移、方法迁移的引导做得比较到位。第二个数据是对话的深度分析。一级深度分析占了 35 次，占总体分析的 84.59%。我们小组对这个数据进行了讨论，认为其跟上面所分析的难易程度应该也有相关性，建议往高阶思维对话上发展。第三个数据是课堂的对话方式。师生问答之间互动的方式，整体上是以老师和个别学生的对话为主，辩论性、讨论性的对话方式相对来说比较少，所以从 S–T 的整体教学分析来看，根据教师的行为占有比例和师生之间行为转换次数的比例，这堂课属于混合型的教学模式，教师和学生的互动曲线大致呈 45°。通过人工智能课堂评价分析系统给出的数据，结合我们的观课，整节课能够体现单元整体教学的特征，这点前面的老师已经阐述过，我不再赘述。另外，本节课还有三个亮点：第一个亮点是适度引导，让思考有质量。我们可以看到周老师在提出第一个问题——交换两个加数的位置和不变，真的吗？老师的引导体现在什么地方？——并不是在让学生只是简单地模仿算式的提出，或者举出 4+5 = 5+4、9+7 = 7+9 这样的问题，而是让学生去思考——你能用什么样的方式来证明这样一个规律呢？这样学生在课堂上就呈现出了相对丰富的方法，有算式，有画图，也有生活举例等。第二个亮点是留足空间，让探索有方向。体现在哪？"当我们得出加法确实有交换律，那么你们接下来想研究什么问题呢？"顺着学生的思路去思考，既然加法有，那么减法、乘法、除法有吗？这个方向是孩子给出的，但也是在现实的教学情境中自然而然生成的。第三个亮点是给予了一定的课堂说理，让孩子的表达有个性。虽然辩论性的画面在这节课中比较少，但是仍然可以很值得肯定的是，在这堂课当中，周老师舍得放手让学生来展现，来表达自己的认知，特别是对于最后一个生活情境"'4+4'的车道，到底该怎么来解决呢"，学生有了自己的想法。这个想法既是对知识的运用，也是他们深刻理解相应内容的一种体现。当然，这样一堂课，我们也提出了自己的一些思考建议。就像我们刚刚讨论的一样，单元整体教学要关注知识结构的关联，同时应该关注思想方法的关联。从这堂课的整体设计可以看到，周老师希望通过探究加法交换律，从而迁移到减法、乘法和除法，所以老师可以在细节上面再稍微作一下铺垫。比如我们在探究减法、乘法、除法的时候，是不是可以提出一个问题，请学生回忆一下刚刚是如何探究加法交换律的，引导学生重新去回忆、总结刚才验证、探究的过程，从而有意识地把这样的方法迁移到减法、乘法和除法的探究中。在课末总结环节，也让学生回忆这堂课是如何得出了这样的一个规律，有一个怎样的思考过程，可不可以把这样的验证、探究的过程再迁移到今后的学习当中。总之，我觉得这样一堂课，还是给出了我们一个非常棒的示范。

易增加：（总体点评）今天研讨的主题是单元整体教学，研究内容是"数与运算"领域。我们要知道，"数与运算"领域要把握三个"基本"。第一个是基本事实，包含了加法口诀和乘法口诀，就是所有的运算都要用这两个口诀去计算。第二个是基本运算，就是我们所说的加减乘除，而它们的本质是计数单位的计算，加法和乘法是计数单位的累加，减法和除法是计数单位的累减。第三个是基本规律，包含了运算律以及等式的基本性质。今天研究的运算律对"数的运算"具有重要的意义。

我们来看这节课是如何体现大单元教学的特征的。一是问题导向性，我们这么多年在坚持的问题导向，就体现在课堂中的三个问题上。二是内容的整体性，它也为我们的整体教学提供了一个很好的价值，只有内容整体性才能够让我们把加法交换律和乘法交换律整合在一起进行教学，体现了加法交换律和乘法交换律的一体性。三是认识的一致性，"一致性"是《课标 2022》中的一个重要理念。"数"与"运算"的一致性体现在哪里呢？就体现在可以用运算的意义来解释，为什么加法和乘法有交换律，而除法和减法没有交换律。单元整体教学如何更加有效？史宁中教授认为：课堂是在培养孩子的智慧，智慧不是表现在经验的结果上，也不是表现在思考的结果上，而是表现在思考的过程中。这个思考过程，让我们想起了单元整体教学就是要促进学生以整体的视角、整体的思路来思考。我们看一看这节课里面还有提升的空间吗？通过人工智能课堂评价分析系统的诊断，我们发现了教师讲话的时间大概是 15 分钟，如果能够把教师的讲话时间压下来，让学生的对话活动、探究合作更多一点，"学为中心"的课堂特征将会更加明显。从数据中还可以看出，留给学生思考的时间偏少，学生思考几秒钟好像课堂很顺，很顺就意味着我们这堂课的知识程度不难。应该通过更有空间的大问题来推动，让孩子有更多的时间去思考、表达，这样就能够培养孩子的思考过程，最终培养孩子的智慧。这也是培养数学素养的好机会。以上是我个人的一些思考，谢谢大家！

3. 总结教学策略，布置后续任务。

---

**· 设计意图 ·**

结合人工智能课堂评价分析系统的分析，教师的评课不仅基于经验，更要有科学数据，将经验和数据有效结合。通过专家的点评和总结，教师逐步改进实践策略，在后续的教学实践中更有抓手。研讨任务的布置，为下一场教研活动作准备。

---

## 八、教研反思

本次教研活动，在主题选定、问题引领、组织方式改进等方面带给教师全新的体验，让教师对基于问题导向的单元整体教学有了更多的收获和启发，获得单元整体教学的实践路径和策略，进一步促进单元整体教学的实施，为学生的素养发展赋能。

本次教研活动有以下四个亮点。

1. 主题选定有深度。

本次教研主题能基于数学组已有的研究成果和可行的教学模式，落实《课标2022》的新理念，将"问题导学"与"单元整体教学"进行整合，继续以"问题"为抓手，探寻单元整体教学的路径和策略，让原来的研究成果与时俱进、发展创新，进一步延伸，不断完善，促进对单元整体教学的探索，推进学生核心素养落地。

2. 问题导研有成效。

校本教研的实效性在于充分让每个教师都参与其中，并经历教研前、教研中、教研后的思考。本次教研活动共有四个环节，每个环节始终围绕"问题"展开。

（1）"以问导思"环节：每个教师研前思考三个问题，设计一份教案，目的是让教师带着问题、带着自己的思考参与教研，使一些教师不再成为看客，每个教师都是教研的主体，大大提升了教研的实效性。通过小组的交流碰撞、抽签汇报，最终形成大单元教学的共识，为指导教师日常教学形成了组内的一致意见，对整个教研组的持续发展发挥了重要的作用。

（2）"借问诊断"环节：对抽取的两位教师的教学设计进行分析、诊断，让教师明白大单元教学设计的方法，在现场改课中提升教师的教学设计水平。

（3）"以问观课"环节：带着问题观课，又借助人工智能课堂评价分析系统收集数据，提升了教师的课堂观察能力。

（4）"带问评课"环节：通过问题导向的观课和人工智能课堂评价分析系统的数据分析，课堂更加聚焦学生的学。从课堂的教与学行为分析看，这对教师的课堂教学能力提升有较大的帮助。

通过"问题"的引领，教师活动前的思考更有方向，活动中的思考更聚焦主题，活动后的评价更有依据，逐渐加深了对单元整体教学的理解，持续总结基于问题导向的单元整体教学设计与实施的策略，提升教研的成效性。

3. 人员分组有构思。

本次活动的人员分组结合本组教师的专业水平、年龄等特点，以"专家引领，老、青、新教师搭配"进行组合，以老带青、以新带新，开展三级带教研讨活动。组内交流时不断有困惑和问题提出，又能让每个问题都得以有效解决，充分发挥团队骨干教师的引领作用，让交流既有层次又有效度，不断推进研讨活动的深度发展。另外，这样的分组形式打破了以备课组为单位的小组形式。研讨后，小组内的教师还能带着各自的收获再回到备课组内进行交流，获得更多的思考和启发，打破研讨活动时间和场地的限制，突破了研讨的时空边界。

4. 抽签形式有意思。

本次活动汇报以及上课人员都是以抽签的形式选定，因而每位教师都有被抽中的可能，这也倒逼着每一位教师在活动前认真准备、活动中积极研讨，大大提升了教研的参与度，从而促进教研不断向深度发展。同时，这样的选定汇报方式，将原来只聚集在一小部分人身上的汇报机会，分配给每一位教师，让更多的教师听见更多不同的声音，有不一样的思考，拓宽思考问题的深度，在听见自己、看见他人的过程中领悟学习的本质，获得更多对学生学习的理解。

当然，没有完美的课，亦无完美的活动。本次研修活动也有以下两点不足。

1. 小组汇报面不够广。

由于教研时长的限制，每个环节无法让每个小组都有汇报分享的机会。后续的教研活动，会争取让每组教师在每个环节都能有汇报的机会。

2. 学生个体学习关注不够细。

教研时，老师们是坐在台下带着问题观课，距离学生较远，不利于观察"四人学伴"个人探学、小组互学、生生共学的细微状态变化。后续教研的观课环节，会让老师们作为观察员深入小组内观察每一组学生的学习过程，从而更好地把握问题的设计对学生学习的引导、启发作用，发挥问题的导学作用。

观念的转变、策略的探索、单元整体教学的设计与实施，这些都无法通过一场教研活动就能实现。但一场教研活动的意义，更在于能以活动为契机，聚焦全组之力对教学实践问题进行深入、持久的研究，再通过活动进行展示和研讨，以达到引发思考、倡导方向的目的。关于问题导向的单元整体教学的路径和策略的探索，数学组将继续探究下去，逐步从"数与运算"主题延伸到"数量关系"主题的探索，再拓展到其他领域的教学，形成清晰、有效的单元整体教学设计与实施的策略和路径。每一次的活动都努力做到：让老师带着思考走进活动，也要能带着收获走出课堂，让学生在课堂中获得知识、提升能力、发展素养。

# 第二节　互动式集体练课

佐藤学教授认为：要改变一所学校，就要不断开展校内教研活动，让教师敞开教室的大门进行相互评论，除此之外，别无他法。然而，打开教室的大门需要勇气，更需要底气，绝大多数教师不愿意打开教室的大门，一个主要的原因是练课（这里主要指备课）不到位。可见，学校应该把集体备课作为提高学校教学质量的有力抓手，备课组应该把集体备课作为提高课堂教学质量、发展学生核心素养的有效途径，教师应该把集体备课作为教学能力提升、教研能力发展的有力策略。

# 一、集体备课的内涵

"集体备课"，顾名思义，就是教师在一起研讨和准备教学。集体备课不能被肤浅地理解为"教师在一起"的备课活动，而是教师通过建立密切的合作关系，对教学问题进行讨论、研究与分享，开放性地创造更大的备课效果。所以说，集体备课不只是教师备课组织形式的一种变革，而是教师对教学的科学性、艺术性、创造性不断探索和追求的过程。具体来说，集体备课不仅是相关学科教师在一起，针对某一教学内容和问题，通过教师同伴互助、自我反思等形式，使教学得到系统设计的一种准备活动，更是教师针对自己教学中遇到的普遍、典型、复杂的教学问题，共同协商和参与，系统、科学地研究，以达到解决问题、促进教学进步和教师专业发展的教学研究活动。所以，集体备课更加强调教师之间基于合作探究而寻求教学真义，强调优秀教学资源与教学经验的共生共享，强调凝聚群体智慧生成和新的创造。特别需要认识到，从个体备课到集体备课的实践转型，实质上是实现教学从注重技术、技巧、方法的安排到注重科学、艺术和创造的融合，实现由"我的教学"向"我们的教学"的转变。

集体备课与个体备课有什么关系呢？集体备课之所以成为新的备课形式，是因为它体现了独特的理论和实践价值。但是，教学是一项个性化很强的人类活动，每位教师都拥有自己的知识结构、教育经验、教学风格和人生阅历，面对的学生也是千差万别，这就决定了不是以非此即彼的方式用集体备课否定或替代个体备课，而是更好地利用个体备课的优势，使教师的个体备课成为集体备课的前提和基础，使集体备课成为对个体备课的提升和完善。如果离开教师的个体备课，集体备课也只能是一个"凑热闹"的过程；集体备课后如果没有教师个体化的理解、认同和行动，集体备课也只能变成模式化、形式化的过场。只有个体备课与集体备课相结合，才能发挥备课的效用，促进教师教学质量的提高。所以，无论是学校教学管理还是教师个人的教学行动，都应当处理好两者之间的关系，从改变学校传统备课形式和创建新的教研文化等方面理解与把握集体备课的内涵和本质。

## 二、集体备课的价值

### 1. 从"一言堂"到"一起议"

集体备课作为学校基本的教研模式与载体，是实现高质量备课的路径之一。传统的集体备课形式是主备教师或老教师的"一言堂"，说完即收场。这样的集体备课导致教师缺乏教材解读过程中的异质交流，也缺少适切班情、学情的不同教学方案的个性研磨。因此，要变"一言堂"为"一起议"，才能让集体备课重新焕发生命力。如何"一起议"？集体备课时，要在分工准备材料汇报的过程中，对个人汇报的教材分析、学情分析、教学思路、课时设计、作业设计等内容逐一讨论、修改，特别是要共议课时设计，达成一致性的修改意见并形成可操作的设计；对课堂练习评价、课时作业要逐题共同研究，在互辩互证、互学互鉴的氛围中形成共识。这样的"一起议"，充分发挥了备课组教师的集体智慧，为减负增效提供保证。

### 2. 从"一人做"到"共同做"

传统的集体备课要么是有经验的老师做，要么是没经验的老师做，变成一人完成、大家共用，导致集体备课的教学设计质量不高，课堂教学质量低效。如何改变这一现状？要从"一人做"转变为"共同做"。集体备课前，应根据教师的特长合理分工，如根据备课组教师人数，有的负责教材分析，有的负责课时活动设计，有的负责作业设计，有的负责学习单制作，体现"共同做"。人人参与才能倒逼每个教师深入思考，把个体备课变为差异性的共同体备课，让教师之间的交流成为一种必然，促进备课组教师教学水平的整体提升。

### 3. 从"一人好"到"大家好"

在集体备课过程中，已执教过该年段的"过来人"是重要的资源。集体备课中，我们要充分利用这些教师的教学经验。好经验稍加改造甚至直接移植，之前的遗憾之处可以成为大家聚焦思考和讨论的重点，从而提高备课的效率。有经验教师的分享，实质上是深层次的同伴互助，必然会激发起全组教师的教研热情，从而在安全感、归属感中激荡起彼此的思维火花，最终成就从"一人好"到"大家好"的局面。

## 三、集体备课的设计

集体备课的形式应是互动式的，有计划、有步骤地实现高效备课。

（1）时间：每周 2~3 节课。

（2）分工：根据年段备课组人数，对教材分析、课时活动设计、课时作业、片段教学、学习单、课件等内容合理分工。

（3）形式：参与式、互动式，教材分析凸显大单元整体设计，课时活动体现学为中心，课时作业重视知行合一、学以致用，通过个人汇报、集体讨论、现场修改，最终形成共识的资源，供大家根据班情使用。

具体流程见下图。

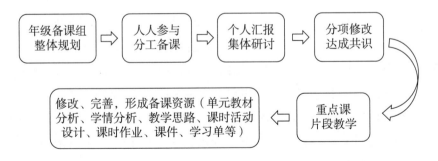

# 四、集体备课案例

**教师1发言汇报**

## 一、学习起点

长方形和正方形对学生而言并不陌生。在学习本单元之前，学生已经学习了长度单位、角的认识、图形的对称性等相关内容，具备一定的测量、操作技能，为本单元的学习提供了认知、探究基础。由于学生在生活中或多或少都接触过图形，了解图形的基本特征，但也正因为他们对这部分知识的理解大多来自生活，导致对图形的本质、图形的计算、图形之间的联系等内容缺少数学上的理解。教材的编排是让学生在三年级上学期先了解周长的概念，学习计算长方形和正方形的周长，到三年级下学期再学习面积。但学生容易把面积和周长混淆，以面积的大小来判断周长。在实际学习中，学生学习周长概念时，理解还较为透彻，学习了面积概念后，反而混淆了两者的概念及对应的测量和计算方法。这一现象在解决实际问题时尤为突出。

## 二、教材分析

"长方形和正方形"属于"图形与几何"领域中"图形的认识与测量"主题的内容。图形的认识在"图形与几何"领域中具有重要地位，是后续学习的基石。在小学数学中，图形的认识编排体系遵循着"体—面—线—面—体"的逻辑顺序，概念形成具有按"实物—图像—表象—抽象"螺旋式上升的特点。在小学数学教材中，关于四边形的内容出现了三次：第一次出现在一年级下册"认识图形（二）"单元，通过直观认识长方形、正方形，且能够辨认和区分，让学生对平面图形有整体的感知；第二次出现在三年级上册"长方形和正方形"单元，通过边的长度和角的类型两个维度的学习，让学生定性地认识和描述图形；第三次出现在四年级上册"平行四边形和梯形"单元，从与平行四边形的关系角度进一步认识长方形、正方形，通过研究两条边的位置关系和其他属性，让学生进一步探索四边形，理解长方形、正方形与平行四边形之间的关系。

在现代数学中，长方形和正方形的概念是通过"种＋属差"的方式进行定义的。中小学数学教材中对长方形和正方形并没有给出明确的定义，只是通过整体感知和认识特征等方式来引导学生认识长方形和正方形。关于"周长"的定义，教材中给出"封闭图形一周的长度，是它的周长"。有关"封闭图形"的描述，北师大版、苏教版都没有提及，人教版中的"封闭图形"是作为计算周长的前提，教学中不必刻意设置图形对比，何况《课标2022》颁布后新修订的人教版教材中也去掉了对"封闭图形"的描述。

《课标2022》中新增的尺规作图，是让学生经历用直尺和圆规将三角形的三条边画到一条直线上的过程，直观感受三角形的周长。在周长的测量中进行尺规作图，旨在把图形的周长转化为线段，让学生在作图中经历把数学问题抽象为测量中的过程，从而更好地把握图形周长概念的本质。把周长转化为线段，比让学生理解"封闭图形一周的长度，是它的周长"更加直观，且需要想象的参与，能帮助学生形成良好的量感。

《课标2022》提出："改变过于注重以课时为单位的教学设计，推进单元整体教学设计，体现数学知识之间的内在逻辑关系，以及学习内容与核心素养表现的关联。"在教学实践中，基于教学内容提炼大概念，开展大概念统领下的单元整体教学，有利于培养学生可广泛迁移的理解能力。

基于上述对"长方形与正方形"单元知识内容的分析，基于大概念统领的单元整体教学要求，促进学生核心素养的发展，我们可以梳理出如下的单元知识框架。

| 课时 | 小节 | 例题 | 内 容 | | 大概念 | 核心素养 |
|---|---|---|---|---|---|---|
| 1 | 四边形 | 例1 | 认识四边形 | 有4条直边、4个角。 | 边、角特征认识图形 | 量感、空间观念 |
| 2 | | 例2 | 认识长方形、正方形 | 长方形：对边相等，4个角都是直角。正方形：4条边都相等，4个角都是直角。 | | |
| 3 | 周长 | 例3 | 认识周长 | 封闭图形一周的长度。 | 长度测量的方法 | |
| 4 | | 例4 | 计算长方形、正方形的周长 | 长方形、正方形周长的计算方法。 | | |
| 5 | | 例5 | 解决实际问题 | 长方形、正方形周长的计算；理解周长的变与不变。 | | |

### 三、单元学习目标

1. 通过观察、对比认识四边形的特点，研究长方形、正方形边和角的特征，初步理解长方形与正方形的联系和区别。

2. 通过观察、操作、思考、交流等活动，理解周长的含义，掌握测量周长的方法，感悟"化曲为直"的策略价值。

3. 探索长方形、正方形周长的计算方法，在拼摆长方形、正方形活动中进一步丰富对现实空间和平面图形的认识，积累图形与几何的学习经验，发展量感和空间观念。

4. 在学习活动中进一步体会数学与现实生活的联系，感受数学学习的实际意义，增强学好数学的信心。

### 四、单元教学思路

1. 明确学习内容，提供丰富素材。为认识四边形提供丰富的图形素材，从学生熟悉的图形入手，让他们认识图形的特征。为认识周长提供直边图形、曲边图形及实物，在观察、操作、交流等活动中理解"周"的意义；通过直接测量、间接测量，感悟"长"的测量方法，体会多边形及任意曲线图形的周长的共性和个性。

2. 认识周长，突出数学本位。认识四边形，抓住"边"和"角"是研究四边形和长方形、正方形图形的重要元素，进而认识图形的本质特征。周长和面积是"图形的认识与测量"主题中的两个核心内容，对周长概念的理解需要进一步深化，以避免与今后要学习的面积概念相混淆。教学时，为排除面积的视觉干扰，认识周长时，应该让学生体验"剥"出图形一周的边线，让"一周""看"得到，加深对周长的理解。

3. 学习方式体现"学为中心"。转变教学方式，把课堂还给学生，让学生经历个人探学、小组互学、生生共学的过程，自主建构知识体系，形成能力，发展素养。

**教师 2、教师 3 发言汇报，其他教师互动研讨**

### 五、课时活动设计

根据以上分析，以发展学生核心素养为导向，设计大问题、课时学习任务和学生活动，发挥备课组教师的集体智慧，在个人备课的基础上，通过共商共议修改意见，形成新的活动设计（见下表）。

# 人教版小学数学三年级上册"长方形和正方形"单元集体备课

## ——课时活动设计

| 课时 | 大问题 | 集体备课前 | | | 集体备课后 | | |
|---|---|---|---|---|---|---|---|
| | | 学习任务 | 学生活动 | 教师活动 | 学习任务 | 学生活动 | 教师活动 |
| 第1课时（认识四边形） | 四边形有什么特点？ | 任务一：把你认为是四边形的图形圈出来，说一说四边形有什么特点，在小组内交流。<br><br>任务二：在下面的点子图上画几个不同的四边形。<br><br>任务三：信封里装的是一个四边形，猜一猜可能是什么形状。 | 活动一：学生独立圈出四边形的图形，观察、思考、辨析、反馈四边形的特点，小组交流汇报。<br><br>活动二：独立完成，进行展示、评价。<br><br>活动三：根据露出的角和边分别猜图形的形状。 | 活动一：教师巡视收集学生判断四边形的标准，引导小组交流汇报，总结。<br><br>活动二：指导学困生根据边和角的特点画图。<br><br>活动三：教师将信封里的图形分别露出一个角、两个角、三个角，判断不一致的时引导辩论。 | 任务一：把你认为是四边形的图形圈出来，说一说四边形有什么特点，在小组内交流。<br><br>任务二：在下面的点子图上画几个不同的四边形。<br><br>任务三：信封里装的是一个四边形，猜一猜可能是什么形状。 | 活动一：学生独立圈出四边形的图形，观察、思考、辨析、反馈四边形的特点，小组交流汇报。<br><br>活动二：独立完成，进行展示、评价。<br><br>活动三：根据露出的角和边分别猜图形的形状。 | 活动一：教师巡视收集学生判断四边形的标准，引导小组交流汇报，总结。<br><br>活动二：指导学困生根据边和角的特点画图。<br><br>活动三：教师将信封里的图形分别露出一个角、两个角、三个角，判断不一致的时引导辩论。 |

| 课时 | 大问题 | 集体备课前 | | | 集体备课后 | | |
|---|---|---|---|---|---|---|---|
| | | 学习任务 | 学生活动 | 教师活动 | 学习任务 | 学生活动 | 教师活动 |
| 第2课时（认识长方形和正方形） | 长方形和正方形有什么特点？ | 任务一：长方形和正方形有什么特点？（正方形 边；长方形 宽 长） 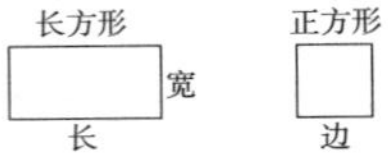 | 活动一：独立探究，小组交流探究方法，经历量一量、比一比等活动过程认识长方形和正方形的特点。 | 活动一：组织小组汇报，总结特点。 | 任务一：找出下图中的长方形和正方形，长方形和正方形在边和角上有什么特点？（△ 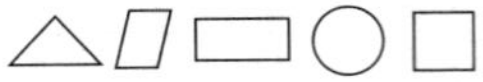 □ ○ □） | 活动一：学生独立探究，小组合作，用"折、量、比"等方法探究长方形、正方形边和角的特点。 | 活动一：教师引导学生从边和角两方面探究，组织学生从边、角方面汇报，引导学生总结特点。 |
| | | 任务二：在下面的方格纸上按要求画图形。(1)长4厘米、宽3厘米的长方形。(2)边长4厘米的正方形。（1厘米 方格） 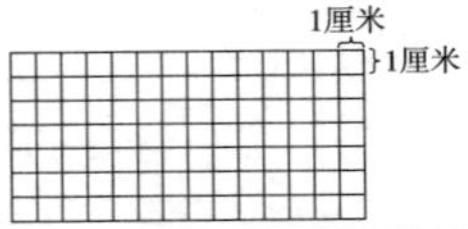 | 活动二：独立完成，进行展示汇报。 | 活动二：巡视帮助有困难的学生完成，组织展示汇报。 | 任务二：信封里装的是一个四边形，通过推拉图形，猜一猜可能是什么形状。（图形是方格图） | 活动二：观察图形边角的变化，发现长方形和正方形相互转化的条件。 | 活动二：操作露出图形部分，从长方形再到正方形，组织学生思考、判断，发现关系。 |
| | | 任务三：信封里装的是一个四边形，猜一猜可能是什么形状。 | 活动三：根据露出部分判断从长方形到正方形再根据图形的特点判断，判断不一致时引导辩论，思考长方形和正方形是怎样相互转化的。 | 活动三：操作露出部分从长方形到正方形再组织学生根据特点先思考再判断，判断不一致时引导辩论，感受长方形和正方形的相互转化，理解正方形是特殊的长方形。 | 任务三：图形"回屋"。(1)把符合要求的图形送回到"屋"。(2)正方形能不能"回"到左边（长方形）的"屋"？为什么？(3)长方形能不能"回"到右边（正方形）的"屋"？为什么？（① ② ③ ④） 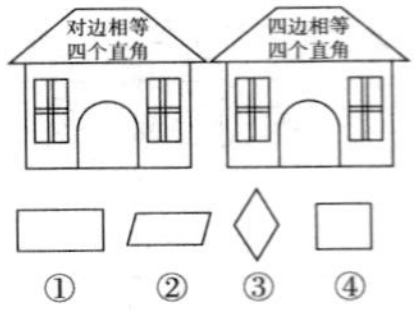 | 活动三：个人仔细观察、思考、判断，分析、说理、辩论，达成共识，理解正方形可以回到长方形的"屋"。 | 活动三：巡视帮助有困难的学生，参与小组讨论，倾听不同的判断理由，引导学生进一步理解长方形和正方形的特点与关系。 |

| 课时 | 大问题 | 集体备课前 | | | 集体备课后 | | |
|---|---|---|---|---|---|---|---|
| | | 学习任务 | 学生活动 | 教师活动 | 学习任务 | 学生活动 | 教师活动 |
| 第3课时（周长） | 什么是周长？怎样测量周长？ | 任务一：只留下整个图形的一周，可以擦去哪些线？为什么？<br>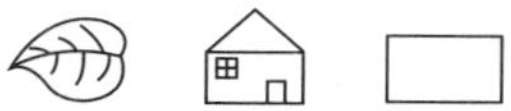 | 活动一：学生思考，代表到台前展示，其他同学补充。 | 活动一：教师巡视，选择3名同学上台汇报，并根据汇报情况追问。 | 任务一：请描出下面图形的边线。<br>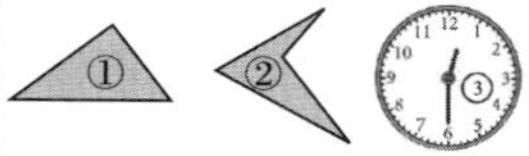 | 活动一：每个学生完成描图形边线的活动，代表上台展示。 | 活动一：组织汇报，视汇报情况追问，总结什么是周长。 |
| | | 任务二：有办法知道下面这三个图形的周长吗？<br>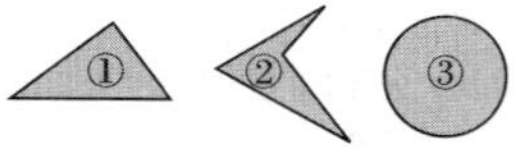<br>选择一个图形，把它的周长画在下面的直线上。 | 活动二：学生独立尝试，交流困惑，小组交流如何解决困惑，组内达成共识。 | 活动二：巡视测量进度，引导讨论有困难的圆形，评价圆周长的不同测量方法；引导体会长度不仅可以直接测量，而且具有可加性。 | 任务二：有办法知道下面三个图形的周长吗？<br>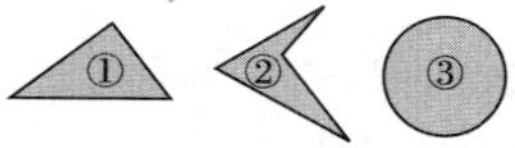 | 活动二：每个同学都要测量三个图形的周长，独立操作，交流困惑，分享测量有困难图形的方法，并展示。 | 活动二：巡视测量进度，引导学生讨论有困难的圆的周长测量方法，评价圆周长的不同测量方法；引导学生体会长度不仅可以直接测量，而且具有可加性；演示"剥"出图形（贴在黑板上的三个图形教具）的边线的过程，并将"剥"出的线贴在相应图形的下方，让学生体会周长是边线的累加。 |
| | | 任务三：下图中（　　）号图形的周长更长。<br>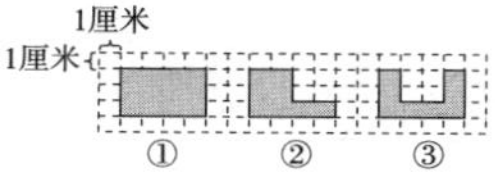 | 活动三：学生经历量一量、数一数、移一移等方法，比较三个图形的周长。 | 活动三：组织学生汇报、比较，进一步理解图形的周长。 | 任务三：一张长方形纸被剪去一个任意的正方形或长方形，周长有什么变化？请说明理由。<br>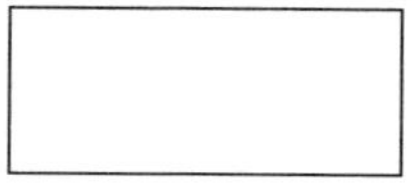 | 活动三：学生经历想象、动手任意剪；交流有几种不同剪法；讨论发现不同剪法和周长的变化，发现从一个角剪去，周长不变；从一条边剪去，周长变大；从一侧图形剪去，周长变小。 | 活动三：先展示学生任意剪的图形，再分类剪一角、一边、一侧的不同周长，总结不同剪法和周长的变化。 |

| 课时 | 大问题 | 集体备课前 | | | 学习任务 | 集体备课后 | |
|---|---|---|---|---|---|---|---|
| | | 学习任务 | 学生活动 | 教师活动 | | 学生活动 | 教师活动 |
| 第4课时（长方形和正方形的周长） | 怎样计算长方形和正方形的周长？ | 任务一：计算下面长方形和正方形的周长。说一说为什么这样计算？（6厘米、4厘米、5厘米）<br><br>任务二：在下面的方格图上画出周长是12厘米的长方形。（1厘米×1厘米）<br><br>任务三：一块长方形菜地，长7米，宽4米。四周围上篱笆，篱笆要多少米？如果一面靠墙，篱笆至少要多少米？ | 活动一：独立探究，动手操作，汇报展示，合作交流，总结计算方法。<br><br>活动二：独立画长方形、正方形，分享不同画法，小组展示周长是12厘米的所有长方形，思考如何有序画出所有符合条件的长方形。<br><br>活动三：通过观察、想象、操作、计算、交流，掌握实际问题的解决方法。 | 活动一：组织探究，协助操作，评价并总结计算方法。<br><br>活动二：巡视帮助有困难的学生，组织有序思考，引导展示，画出所有图形，加深对长方形和正方形周长的理解。<br><br>活动三：引导观察、想象，理解菜地周边的长度，掌握图形部分边长的计算方法。 | 任务一：量一量、计算下面方形和正方形的周长？说一说为什么这样计算？<br><br>任务二：比较下面三个图形周长的大小，并说明理由。（甲 乙 丙）<br><br>任务三：小美家有一块长方形菜地，长7米，宽4米。其中有一面靠墙，爸爸想在三面上篱笆，篱笆的长可能是多少米？（画图试试看。） | 活动一：思考应测量哪些边的长度；独立探究，动手操作，合作交流，汇报展示，总结计算方法。<br><br>活动二：观察、操作，比较、判断三个图形周长的大小，引导学生经历质疑、辩论等过程，发展推理意识和空间观念。<br><br>活动三：经历想象、画图、计算等过程，交流宽靠墙或长靠墙的计算方法，形成辩证的思维能力。 | 活动一：组织探究，协助操作，评价并总结计算方法。<br><br>活动二：观察学生比较图形周长的大小，引导方法的对话，生讨论、对话，总结方法。<br><br>活动三：启发学生画图，组织学生展示不同思考方法；追问如果这块菜地靠墙，有几种情况。 |

| 课时 | 大问题 | 集体备课前 | | | 集体备课后 | | |
|---|---|---|---|---|---|---|---|
| | | 学习任务 | 教师活动 | 学生活动 | 学习任务 | 学生活动 | 教师活动 |
| 第5课时（解决问题） | 长方形或正方形拼摆后周长怎样变化? | 任务一：用16张边长是1分米的正方形拼成长方形和正方形。怎样拼的图形周长最短?<br><br>任务二：如果用36张正方形纸拼呢? 你有什么发现? | 活动一：指导小组拼出不同的长方形或正方形,引导比较怎样拼才能使图形的周长最短,启发思考为什么要这样拼。<br><br>活动二：启发先想象再验证,引导理解和宽相等或接近时周长最短的道理。 | 活动一：个人思考,动手操作,展示不同拼法,观察、比较,发现拼成相等或宽和长的图形的长接近,周长最短。<br><br>活动二：迁移上面的活动经验,验证,发现拼成正方形,周长最短。 | 任务一：用16张边长是1分米的正方形拼成长方形和正方形。怎样拼的图形周长最短?<br><br>任务二：如果用36张正方形纸拼呢? 你有什么发现?<br><br>任务三：$6 \times 4 + 3 \times 2$ 可以表示下列哪个图形的周长?（单位：厘米）<br><br>如果把图形A和图形B拼成一个图形,拼成后的图形周长最少是多少厘米? | 活动一：个人思考,动手操作,小组交流;展示不同拼法,观察、比较,发现拼成图形的长和宽相等时,周长最短。<br><br>活动二：迁移上面的活动经验,发现拼成正方形,周长最短。<br><br>活动三：观察、想象、操作,比较大小,发现"凸""凹"两个图形的形状不同,周长相等;通过尝试图A和图B的不同拼法,理解减少的边多,则周长最少。 | 活动一：指导小组拼出不同的长方形,引导比较怎样拼才能使图形的周长最短;启发思考为什么要这样拼。<br><br>活动二：启发先想象再验证,引导理解和宽相等或接近时周长最短的道理。<br><br>活动三：启发思考、想象、操作,得出结论;展示图A和图B的不同拼法,发现结论。 |

# 第三节　递进式个人练型

教师只有具备"理想信念、道德情操、育人智慧、躬耕态度、仁爱之心、弘道追求"，才能更好地培养出"有理想、有本领、有担当"的时代新人。作为个人，自己可以慢慢成长，慢慢优秀；但是作为教师，为了学生，自己一定要早日成熟，尽快优秀。因为在自己不成熟、不优秀的时候，学生接受的就是不成熟、不优秀的教育，而中小学的学习、生活是不可重复的，学生也就失去了得到更好的中小学教育的机会。

有人把教学分为三重境界：见教材、见自己、见学生。有人把教学分为四个层次：浅入浅出、浅入深出、深入深出、深入浅出。也有人把教学分为另外三个境界：第一个境界是教师带着书本走向学生，即教师照本宣科传授知识；第二个境界是学生带着问题走向教师，即学生能够主动提出问题与教师探讨；第三个境界是学生带着问题走向书本，即学生对于在学习中产生的问题能够自己去寻找答案，达到了"教是为了不教"的目的。

## 一、教师发展的三阶段

不管教师的发展阶段如何划分，每个教师的专业发展都要经历三个不同的阶段。

第一阶段：经验型教师。这个阶段是熟悉教学规范，掌握共性化的教学方式，经历从不会教到能教的初师、从能教到会教的知师。

第二阶段：技术型教师。这个阶段是驾驭教学规范，产生个性化的教学方式，经历从教知识到教方法的明师、从胜任教学到高效教学的能师。

第三阶段：研究型教师。这个阶段是超越教学规范，创造智慧性的教学方式，经历既教书又育人的良师、从教的智慧到爱的艺术的名师或教育家。

教师从初为人师成长为名师，其成长路径可以概括为以下几条：一是学习先进的教育思想——指航路；二是研究学生的学习策略——寻思路，教师应关注差异性，重视指导学习策略，因材施教；三是揣摩名师的优质课——避弯路，揣摩名师点拨、评价、激励等妙法，领悟先进的教学思想、理念；四是争上公开课——炼出路，将课堂当作实验基地，找到教学的通路、近路、后路和出路；五是探索特色的教学风格——成套路，特长加实际情况分析，不拘泥，构建自己的教学新模式；六是循揣课后的教学反思——找梯路，积累教学反思，定期与教学名家交流。教师的专业成长没有捷径，只有脚踏实地，心里装着责任和学生，才能让自己的教师职业焕发光彩。

以教师专业发展的三个阶段（经验型教师、技术型教师、研究型教师）划分，其对应的教学水平分别是教学策略、教学风格、教学主张。在课堂特征方面，分别对应新秀课——我的课堂教学策略，做一名经验型教师；创优课——我的课堂教学风格，做一名技术型教师；示范课——我的课堂教学主张，做一名研究型教师。教学策略、教学风格、教学主张具有不同的特征，形成了教师专业成长的轨迹（见下表）。

| 课　型 | 教学水平 | 类　型 | 特　征 |
| --- | --- | --- | --- |
| 新秀课 | 教学策略 | 经验型 | 在特定教学情境中为完成教学目标和适应学生认知需要而制订的教学程序计划和采取的教学实施措施。课堂教学得到学生喜爱，教学效果好。 |
| 创优课 | 教学风格 | 技术型 | 融合运用先进的教育理念、教育方式方法，在教育过程中形成独特、和谐的教学风格，经常性表现在课堂里，深受学生喜爱，课堂教学质量高。 |
| 示范课 | 教学主张 | 研究型 | 积极彰显自己的教学主张，在课堂教学实践活动中自觉或不自觉、有意或无意地对学科教学问题进行探索和创新，产生或形成对学科教学的独特看法和观点。主张或观点符合新时代育人要求，教学效果显著，有示范作用，深受同行肯定。 |

历练教学策略、锤炼教学风格、提炼教学主张的主渠道在课堂，主载体在校本教研，关键在个人修炼。实践证明，课堂教学是磨炼教学策略、教学

风格、教学主张的主要阵地，而"说播课"是提升理论水平与积累实践经验的重要载体，说播课的"说"与"播"，能全面体现教师的教学能力和理论水平，助推教师快速发展。下面呈现与教学策略、教学风格、教学主张相关的三个案例，帮助教师发现自己、创造自己、超越自己，成为经验型、技术型、研究型教师。

## 二、"新秀课——教学策略"说播课案例

<br>

**学科融合有主线，素养提升无界限**
——以《营养午餐》为例

（说播者：厦门海沧延奎实验小学　谢美兰）

各位老师，大家好！

今天我说播课的主题是"学科融合有主线，素养提升无界限——以《营养午餐》为例"。

最近，我不断在思考这样一个问题：作为新时代的小学数学教师，我们应该培养什么样的学生？习近平总书记在教育大会上强调："要在增强综合素质上下功夫，教育引导学生培养综合能力，培养创新思维。"《中共中央　国务院关于深化教育教学改革全面提高义务教育质量的意见》中明确提到："优化教学方式""探索基于学科的课程综合化教学"。那么，落实到学科呢？其实早在 2020 年中国教育学会小学数学教学专业委员会第 19 届学术年会上，专家就深度解读了会议的两个主题：一个是大单元教学，另一个就是跨学科主题学习。对于跨学科主题学习，国内有不少专家对此做了研究，如华东师范大学的崔允漷教授提出的整合论教学，他提到学科间相整合的学习是一种凸显育人价值目标引领的学习。那么，学生要提高综合能力，培养创新思维，教师要如何实现理念与教育教学上的创新呢？我们知道，学生越来越多的学习和认知活动，需要在多学科知识深度融合的综合性活动中进行优势互补，实现综合能力的培育。因此，教师要做的就是创设综合实践的场景，提供创新思维的平台。跨学科主题学习也就顺理成章地成为综合能力和创新思维培育的有效载体。学科融合是学科发

展的趋势，也是产生创新性成果的重要途径。

那么，什么是学科融合呢？学科融合是指在承认学科差异的基础上，不断地去打破学科的边界，促进学科间相互交叉渗透的活动。如今的教育教学中，有学科融合的理念，但是在实施过程当中却存在不少问题。比如，融合流于形式，没有考虑融合的系统性和融合后的学科地位；融合毫无目的，没有考虑知识之间的内在逻辑关联，融合点不清晰，融合目的不明确。更关键的一点是，融合缺乏深化。如今的教育教学当中，融合仅有知识上的融合，而缺乏综合能力的培育和综合素养的提升。

综合以上理论和对现状的思考，我提出了自己的融合创新观：学科融合有主线，素养提升无界限。如何打造这样的多学科融合课堂？我认为要做到以下几点。

一是有主线地融合，彰显学科特色。

二是有目的地融合，培养关键能力。

三是有广度地融合，提升综合素养。

下面，我将结合"营养午餐"这个跨学科综合实践活动，来阐述学科融合给教育教学带来的创新点。

我们一起来看看《营养午餐》这节课的教材编排。《营养午餐》是人教版小学数学四年级下册"综合与实践"内容，它横跨数学、科学、信息科技等学科，既有数学学科的内部整合，又有跨学科知识的整合。学生需要融合多学科的知识来解释营养午餐的搭配理由，需要运用信息技术来解决搭配过程中遇到的问题。这些环节都指向核心素养和知识网络体系，在一个独立学科当中是无法实现的。综合以上思考，我融合了数学、科学、信息科技等学科，形成了以下几个创新点。

第一，有主线地融合，彰显学科特色。学科融合后还有主要的学科吗？我们常说，众星拱月，星月交辉，夜才是完整的夜；学科融合，价值引领，课才是完整的课。那么，每一个学科领域都有自身的核心概念，学科融合后必然要有一个学科为主线，其他学科为辅线，辅线推动主线发展的同时，实现所有学科的整体发展。这节综合实践活动课的教学主线是什么呢？我认为，这节课的教学主线是让学生能够通过若干环节，成功搭配出符合营养标准的午餐作品。

而在这节课中，营养金字塔、10岁儿童的营养需求、人工智能点菜系统、平板电脑，它们起到的是教学辅助作用。像这样主线明确，辅线有效，让所有学科齐头并进，更能彰显数学学科的特色，让整节课充满浓浓的数学味。

第二，有目的地融合，培养关键能力。学科整合不是为了跨学科而跨学科，也不是为了将多个知识进行随意的拼凑，而是要对各学科的知识进行清晰的整理，形成知识网络，充分利用各学科的优势来展现各学科要培育的核心素养。这就要求教师做到选择合适的主题，巧妙设计融合点，关注内容与形式的有效融合。那么，这节课的融合点在哪呢？我们又如何来关注内容与形式的有效融合呢？

我们知道，本节课涉及数学上一个重要的知识——搭配。但这节课的搭配和以往课上的搭配有所不同，以往学生的知识经验是有序的或是根据喜好进行搭配，所以在初次搭配过程中，学生呈现出来的作品大多数是不科学的，暴露出营养问题。我利用同频技术展示了四位同学的午餐作品，请他们上来和大家一起分享。（播放视频）

生：同学们请看过来，我平时爱吃肉，像猪肉、鸡肉、牛肉，所以我点的三道菜是猪肉粉条、炸鸡排和土豆炖牛肉。

生：我从小就喜欢吃炸鸡排、辣子鸡丁，所以我选择了这两道菜，又加了一道菜西红柿炒蛋，这样刚刚好。

师：这位同学的作品和前两位有一点不一样，请这位同学来说一说。

生：我觉得前两位同学点的菜，肉太多了，脂肪也太多了，营养过剩，容易变胖。一荤两素好一些，所以，我点的是炸鸡排、家常豆腐和香菇油菜。

师：同学们，我们可以看到第三个同学已经意识到了膳食均衡的问题。

有了这位同学的引导，其他同学就会迫不及待地想要进行二次搭配。那么二次搭配的条件和要求又是什么呢？刚刚第三位同学提到一个"脂肪也太多了，营养过剩"，那么怎样的午餐才符合营养标准呢？咱们一起来看看"营养专家"怎么说。

（出示膳食搭配表）

师：谁看明白"营养专家"（膳食搭配表）的话了？这里说热量不低于2926千焦，意思就是，三道菜的热量加起来不能低于2926千焦，可以大于，也可以等于；脂肪不超过50克，就是说三道菜的脂肪加起来不能大于50克，可以等于50克，也可以小于50克。所以，同学们在点菜的时候要尽量让热量多一些，脂肪少一些。

在这个环节中，我们成功地将科学学科知识融入了进来。有了科学学科作为条件和背景，在二次搭配中，学生又会呈现出怎样的午餐作品呢？我们一起来看看。

师：听了同学们刚刚的发言，原来搭配一份简单的午餐还需要考虑科学合理。今天咱们就一起来做一名小小的"营养家"，根据"营养专家"的要求搭配出一份合理的午餐作品。我们来看看这两位同学用"AI点菜系统"搭配的情景。

生：我选的是猪肉粉条、炸鸡排和西红柿鸡蛋，但这样选肯定不行，你看，脂肪超标了，电脑都帮忙算好了，显示"×"就是不符合要求的。

生：我觉得应把猪肉粉条换成相对应的其他菜。你看，这样就满足要求了。

师：刚刚我们看到两位同学用点菜系统搭配出合理的午餐，现在我们随机挑选出两位同学的作品投影到了大屏幕上，请他们上来和我们分享一下他们是怎样选出合理的午餐的。

生：我一开始先选择了三个菜，猪肉粉条、炸鸡排和辣子鸡丁。我估了一下它们的热量，是达标的，但是脂肪是62克，比正常标准超了12克，然后我把猪肉粉条替换掉，因为25-12＝13，所以我选择了香菇油菜，正好它的脂肪小于13。

生：我和你刚好相反。我一开始选择的三道都是素菜，家常豆腐、香菇油菜和韭菜豆芽，我发现它们三个的脂肪加起来并没有超，好吃，可是热量不够，才2000多千焦，所以我就把热量最低的韭菜豆芽换成了土豆炖牛肉。这样一调整，我的午餐也符合营养标准了。

从二次搭配当中老师们可以看到，学生们已经能够成功搭配出符合营养标准的午餐作品了，并且他们在菜式调配当中深刻地体会到条件变化引起变量变化，变量变化引起方案变化，在不断变化的数据当中，有利于提升学生思维的灵活度。

不仅如此，从视频当中大家也可以看到，我们专门为这节课设计了一个 AI 点菜系统。我们将科学的语言转化成信息技术的语言，利用信息技术强大的功能进行自由拖动，快速计算，并且能够自动判断；我们在课堂上节约了孩子们烦琐计算的时间，让孩子们将更多的时间用于思考和总结，大大提高了课堂的效率。从初次搭配到二次搭配，我们融合了科学与信息科技等学科知识，解决了本节课的一大重难点。

在这节课当中，我们还引入了 AI 投票系统，助力数学课堂高效、便捷。比如：

师：我们一起来看看同学们刚刚小组推选出来的 6 种午餐搭配。下面咱们一起来投票选出最喜欢的一种午餐搭配，女生先投票，男生后投票。现在请电脑将男生和女生的数据用复式条形统计图表示出来。从图上你获得了哪些信息？

常规教育教学当中，这节课的统计和作图时间为 12~15 分钟。我们引进了 AI 投票系统，仅仅用了 2~3 分钟，大大提高了课堂效率。在这个环节中，我们将数学与信息技术进行了深度融合，这其实也是教学内容与教学形式上一个非常巧妙的融合点。我们可以将课堂上节约下来的时间让学生用于数据分析，高效地提高学生的数据分析观念。

我们一起再来看这三个学科的融合点。科学其实是数学的情境和载体，信息技术可以助力数学课堂便捷、高效。那么，老师们可能会问，科学与信息技术的融合点在哪呢？我们可以看到，它其实是运用平板电脑实现了语言的转化，让多学科知识有目的地整合在这样一个午餐搭配的问题当中。我们也成功地培养了学生的运算能力、推理意识、逻辑思维能力以及数据意识，实现了对学生关键能力的培育。

第三，有广度地融合，提升综合素养。我们常说学生发展核心素养是实现立德树人的重要举措。我认为一节好的数学课不仅仅在于培养学生的数学素养，更在于能够在潜移默化当中去提升学生的综合素养。本节课，我们实现了学科育人的功能，发展了数学素养、科学素养、信息素养。除了这三个素养，我们还培育了学生的健康生活观念、科学精神、学会学习、实践创新、语言素养、沟通与交流能力、合作能力等，不仅实现了对学生学科核心素养的培育，更实现了对学生综合素养的培育。

本节学科融合课上，我们成功地打破了学科间的边界，共同助力学生全面发展。在这节课中，我们欣喜地看到学生的思维参与、实践参与、情感参与，并获得了经验的积累、知识的获得、能力的提升。不仅如此，学生的数学素养、科学素养、信息素养获得提升的同时，综合素养也获得了全面发展。我想这就是学科融合课的魅力所在。

以上是我说播课的全部内容，谢谢大家。

# 三、"创优课——教学风格"说播课案例

## "三三"问题导学
### ——以《认识周长》为例

（说播者：厦门市海沧区育才小学　蔡丽萍）

老师们好，今天我说播课的主题是"'三三'问题导学——以《认识周长》为例"。

我常常在想，如何做一名智慧型教师？我想，勤思考的老师才能教出会思考的学生，而"三三"问题导学能成就我，成就会思考的学生。新一轮课改提倡自主探究的新型数学课堂，那么如何实现呢？经过多年的学习与实践，我觉得数学课堂要以学生为中心，以核心问题为引领，因此形成了自己的教学风格，那就是"三三"问题导学。

为什么要问题导学？如何开展问题导学？接下来，我将从问题导学的背景、依据、策略及课堂实施和成效等方面进行说明。

《课标 2022》指出，注重发挥情境设计与问题提出对学生主动参与教学活动的促进作用，使学生在活动中逐步发展核心素养。而现实的课堂又存在着诸多问题，如问得太多，不利于学习；问得太碎，不利于探究；问得太浅，不利于思考。如何改变这一现象？问题是教学中客观存在的，要正视问题、发现问题；问题是实践与创新的起点，抓住问题就能抓住教与学的关键。以前的课堂上，我们带着书本走向学生，后来我们意识到数学问题的重要性，便引导学生带着问题走向教师，自此有了较大的改变。现在我们追求让学生带着问题走向学习，以问题导学，引导学生带着问题走向新的学习。"三三"问题导学有利于抓住教学的关键，提升学生的思维水平，培养问题意识。

从孔子的"启发式教学"到维果茨基的"最近发展区"，再到马赫穆托夫的"问题教学理论"，这些理论依据，让我更深刻地体会到，只有问题导学才能从每个学生的"最近发展区"出发，以解决问题为基石，构建启发式、发现式的问题导向的数学课堂。

问题导学的策略是什么呢？第一，课前思考三个问题，启发教师解读教材；第二，课中设置三个核心问题，激活学生数学思考；第三，课堂组织三次对话，激荡学生理性思维。数学课堂做到课前思考三个问题、课中设置三个问题、课堂组织三次对话，这样问题导学课堂就水到渠成地建构完成了。

问题导学是以问题为主线，以导学为方法，以发展为中心，师生共同参与的深度课堂，应该如何实施呢？下面我以《认识周长》为例加以阐述。

## 一、课前思考三个问题

1. 如何理解周长概念的本质，避免模仿、记忆？

2. 周长是二维的，如何让周长带给学生的感觉更强烈？

3. 如何有效测量周长？

基于以上思考，本课的问题导学教学要围绕周长的本质和如何测量周长设置核心问题，给予学生充足的时间和空间进行独立思考、自主探究，加深对周长本质的理解，让周长概念内化为学生自己的语言。因此，制定了以下教学目标。

1. 以问题为引领，结合具体实物或图形，通过观察、操作、交流等活动认识周长，初步学会用语言描述周长，体会周长的含义。

2. 在问题解决中思考、辩论，经历比一比、说一说、量一量、算一算等活动，加深对周长的认识，积累数学活动经验，发展学生的空间观念。

3. 体验与同伴合作解决问题的乐趣，培养学生学会倾听、有理有据表达、合作交流等能力，体会数学的价值。

在课堂实施过程中，以学生为中心，以问题为驱动力，以问导探，以问导思，以问导用，以问生问，通过问题引导学生思考，解决问题。

## 二、课中设计三个问题

1. 以问导探：围绕生长点设置问题，引发探究。

教师收集学生制作的图形作品，并提问：哪些线可以擦掉，使图形看起来更简洁呢？请看课堂教学片段 1（略）。

本片段中，以问导探，学生自主探究哪些线可以擦掉，充分唤醒脑中已有的经验初识周长，把连线和轮廓联系起来，引导学生探究边线。

2. 以问导思：围绕知识点设置问题，认识周长本质。

当学生在描述自己用铁丝所围的图形的一周在哪里时，突然接口松了，教师抓住这个契机及时提问：围一周为什么要捏紧接口呢？请看课堂教学的精彩片段 2（略）。

教师围绕知识点设置话题，让学生掌握什么是周长，引发学生深层次的思考，突破了周长意义中"封闭图形"这一抽象的要点，进一步深入理解周长的本质。

问题导学课堂实施还可以围绕混淆点设置问题，请看教学片段 3 和片段 4（略）。在这两个片段中，教师以问导思：一问，8 字形的一周在哪里；二问，多了一小段的圆形的一周在哪里。全体学生在讨论、交流中，操作、语言、思维三者有机结合，表达力、判断力得到提升，进一步丰富了对周长本质的理解与掌握，让周长概念内化为学生自己的语言，在此基础上把握概念本质，积累数学学习活动经验，培养空间观念。

3. 以问导用：围绕困惑点导向应用。

问题导学实施以问导用，除了动手测量常规的物品，教师还另辟蹊径，提出问题：如何测量透明胶带的周长呢？请看学生使用的各种巧妙方法（略）。这样便培养了学生的发散思维，让学生理解周长就是求长度，用一维长度的测量方法可测量物体和图形的周长。

### 三、课堂组织三次对话

问题导学课堂要组织三次对话，激荡学生的理性思维。一是组织问答对话，培养逻辑思维。例如，图形的一周在哪里？指一指，说一说。二是组织交际对话，培养发散思维。例如，如何巧妙测量正方形、五角星的周长？三是组织辩论对话，培养辩证思维。例如，苹果的周长在哪儿？

### 四、课后三问提升能力

课后围绕障碍点、提升点、困惑点拓展三个问题。围绕障碍点设置问题，如图中两个图形的周长一样吗？围绕提升点设置问题，如你能用 20 厘米的线围出不同的图形吗？围绕困惑点设置问题，如观察围出的图形，你有什么发现？

综观问题导学的全过程，解决问题中的三次课堂对话，问答对话培养逻辑思维，交流对话培养发散思维，辩论对话培养辩证思维。课前三问导向教师的教学，课中三问导向学生的学习，课后三问导向拓展应用，"三三"问题导学让教学相长，师生和谐发展。

总之，问题导学以学生为中心，以问题为驱动，在核心问题下多次交流、操作、对话，语言与思维有机结合，培养了学生的发散、辩证等思维能力，优化了学生的数学学习生态，促进了学生的深度学习。

## 四、"示范课——教学主张"说播课案例

### "对话教学"主张

（说播者：厦门海沧延奎实验小学　易增加）

### 一、为什么要开展对话教学

《课标 2022》指出，要改变单一讲授式教学方式，注重启发式、探究式、参与式、互动式等。对话教学作为一种教学方式，可以让教师在课前明白要解决什么问题，课备得好；可以让教师懂得在课堂上设置什么问题引导师生互动对

话，问题问得好；可以让学生在课堂上根据设置的话题开展互动对话，学生学得好。富有智慧的对话，必然激荡起课堂的生命与活力。师生在和谐、自由、温馨的对话中，相互启发、争辩、切磋、促进，共享彼此的思维成果，交流彼此的见解，感受彼此的情感，达到心灵的感应、思维的共振，从而实现学习的价值，体验睿智课堂的魅力。可见，对话不仅是教学的手段和艺术，更是教学的理念和精神。

## 二、什么是对话教学

对话教学是教学过程中主体间借助有意义的交流，不断探究和解决教学中生成的问题，通过师生彼此展示自己，聆听他人，不断更新自我认识，以增进教学主体间的理解，提高课堂教学效率的过程。对话教学具有三层含义：第一，对话教学是教师、学生和文本三者在知识探索中平等体现的教学；第二，在平等对话的基础上，对话不是为了热闹，而是要深入情感的层次，共同交流自己对文本的体验；第三，随着对教师信赖感的建立，学生在安全、自信的心理环境中，智慧得到充分的迸发。

对话教学的过程可以分为三个阶段。

1. 课前的积蓄准备阶段。

这个阶段的对话流包含教师—文本、学生—文本。教师通过解读文本侧重考虑如何创设课堂对话的问题和情境；学生通过富有个性的文本解读，唤醒知识基础和生活经验，为对话作准备。

2. 课中的能量转变阶段。

教师、学生、文本之间形成对话流，对话流之间相互作用，建构开放的对话场。在对话过程中，每个对话源都会发生实质性的变化：学生因对话而获得思维和个性发展，文本因对话而得到全新的诠释和理解，教师因对话而体现主导作用，实现自身发展。课堂中需要经历以下步骤：创设激励内在动机的教学情境→提出师生间对话的话题→调动学生主动参与→促进学生通过对话主动建构知识。

3. 课后的应用拓展阶段。

这个阶段的对话流体现在教师与更多文本的交流和学生与更多文本的交流，对话场由有限的课堂空间拓展到更加广阔的课外天地，学生因对话而体验数学的应用价值与数学知识的魅力。

## 三、怎样实施对话教学

对话教学要以问题学习为中心，以教师、学生、文本对话为形式，以知识建构为目的，采用下图的流程开展对话教学。

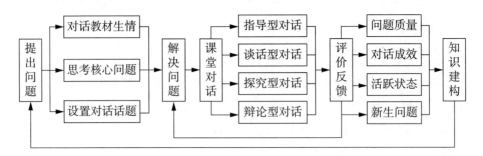

对话教学中主要有教师与文本、教师与学生、学生与学生、学生与文本的对话形式。

1. 教师与文本的对话。

在对话教学中，教师在文本面前成为平等的主体，文本总带有编者的意图和思想，教师在认真钻研文本的同时，也带有自己的特殊体验和情感，使自己的教学源于文本，又高于文本。由于网络快餐文化的便捷，下载、模仿、拼凑教案等现象已成为一些教师常态化的工作模式。教学实践中，没有深入地解读教材，哪能有精彩的预设与生成，更谈不上有高效的课堂教学。因此，提高课堂的有效性应从深入解读教材、与教材深层对话开始。

2. 教师与学生的对话。

在对话教学中，教师与学生的平等对话并不是教师的"施舍"或"赠予"，而是基于一种教学理念的转变，一种对话意识和对话精神的觉醒。教师作为成人世界的代言人，不愿轻易放弃自身的权威与优越感，这使得教师难以以一种平等、民主的心态与学生交往，使得有些数学课堂的教学，忠诚于学科却背弃了学生，体现着权利却忘记了民主，追求着效率却忘记了意义。新课程理念下的数学教学，师生之间是一种情感上的默契，课堂应成为一种生活状态，不是教师的"独角戏"，而是教师、学生和数学材料之间进行的一次次平等对话。对话教学的课堂是师生"近距离"的沟通，是师生敞亮心扉、放飞思想的真情对话，是学生个性张扬的舞台，是主动建构知识的载体。

3. 学生与学生的对话。

在实施对话教学中，生生对话更能促进学生思维的发展。学生在没有教师参与的对话活动中，不再因畏惧教师的权威而拘谨，在宽松的氛围中有了自由、大胆表达的机会。学生在独立思考中，放松心情，思维驰骋，对问题有无拘无束的想象，酝酿着独特的想法并准备对话。在小组交流与分享过程中，会有平淡的对话，也会有激烈的辩论。同学们虽然都会急于表达自己的独特观点，但也会认真倾听伙伴的想法，在不同的思维碰撞中，通过吸纳别人的意见，或坚持自己的观点，或修正自己的看法，达到不断更新自我认识的效果。学生在充满智慧的对话过程中，不仅收获了对知识的理解，更是享受了一种平等交流的快乐，感受到同学间的心灵沟通和彼此信任。在生生对话的课堂里，学生不再自我封闭，而是善于思考、表达和敢于质疑，在宽松的对话中理解知识、内化知识。

4. 学生与文本的对话。

文本自己不会说话，但它是有思想的，是经过精挑细选的人类知识的精华，对学生掌握知识、发展思维、培养能力具有重大的意义。这种意义只有学生对文本深入解读、丰富体验、深刻领悟，才能真正获得，文本也才能真正体现其内在价值。

## 四、对话教学的成效

从教学目标上看，对话教学可提高数学课堂效率，在互动对话中落实以学生发展为本的教学理念。从学生发展上看，学生不再是知识的被动接受者，而是一个主动探究、富有个性、充满活力的人。从教师发展上看，教师不再是教案的执行者，而是一个善于创设教学情境、富有教育机智、充满教育智慧的人。从学科育人上看，对话的课堂是师生两种生命体在情感、思维、人格等方面的交流与互动，是学生获取知识与提高能力乃至生命和谐发展的过程。

总之，对话教学是促进课堂变革的有效方法，它让学生在实践、探究、体验、反思、合作、交流等学习过程中感悟基本思想，积累基本活动经验，发挥数学教学的育人价值，促进学生核心素养发展。

# 关于本书的部分评论

数学教师，如能修炼好"备、教、学、评、研"一体化的关键能力，就能为学生健康成长铺就好坚实的基石。集体备、精准教、深度学、科学评、全新研，练好"五功"，丰富自我，提升自我，成就自我，成就学生。名师成长，没有更多的秘密，简言之，就是修炼好上述五项关键能力，在修炼中感悟教育的真谛，在修炼中践行智慧的教育，在修炼中找到理想与现实的突破点，在修炼中逐步成"型"——成为走向"教育家型"的教师。

——任勇（原厦门市教育局副局长、巡视员，

特级教师，中国当代教育名家）

"备、教、学、评、研"五项关键能力的一体化是理论和实践的创新，引导教师以核心素养导向的数学教学改进，促进教师从理念到课堂教学行为的转变，发挥了转"教"为"学"的育人价值。全书"备、教、学、评、研"浑然一体、相互促进，其鲜明的理论观点、经典的教学案例和创新的教研实践，值得不同成长期的数学教师学习、借鉴。

——华应龙（北京第二实验小学副校长，正高级教师，特级教师）

在教育的变革浪潮中，教师面临着前所未有的挑战和机遇。《小学数学教师五项关键能力》这本书，深入剖析了新时代教师必备的五大核心技能——备、教、学、评、研，既有理论的深度，又有实践的温度，为教师的专业成长指明了方向。可以说，这本书是一份行动指南，也是一本实践

手册。让我们一起阅读，共塑教育的未来。

——罗鸣亮（福建省普通教育教学研究室小学科室主任，

正高级教师，特级教师）

从"教、学、评"的一致性到"备、教、学、评、研"的一体化，聚集了学生的素养发展和教师的专业成长。书中的"备"和"教"体现了大单元教学的深度，"学"和"评"体现了学为中心的力度，"研"体现了校本教研的效度。全书观点新颖、案例创新，对学校教学管理者、教研组校本研修、一线教师教学都具有很好的借鉴价值。

——俞正强（浙江金华师范学校附属小学党总支书记，

正高级教师，特级教师）

课改的关键是"改课"，"改课"的关键在教师。本书立足素养导向的新型教学，着眼聚焦大概念的内容结构化单元整体设计，提出了与教学改革需求相适应的"备、教、学、评、研"五项教师关键能力，并以可行的教学策略、丰富的实践案例提供了一系列教改实践"脚手架"，非常适合一线教师阅读和借鉴。

——朱德江（浙江省嘉兴市南湖区教育研究培训中心主任，

正高级教师，特级教师）

教师的成长更多的是指专业能力的发展。抓住教师专业发展的关键之处，自然会起到事半功倍的效果。有幸先行学习了易增加校长的《小学数学教师五项关键能力》一书，收获颇多。全书以小学数学教师的专业发展为主旨，提出了"备（教学设计）、教（教学组织）、学（学习指导）、评（学业评价）、研（教学研究）"五个方面的关键能力，将近几年来校本实践的经验作了总结与提炼。每个方面都有理性思辨与实践案例，是一份很好的学科建设与教师培养的实践样本，值得基层学校的教学管理者们学习、借鉴。

——费岭峰（《怎么做教学管理》作者，正高级教师，特级教师）

该书通过理论与实践相结合的方式，深刻阐述了新时期小学数学教师专业发展中的五项关键能力，这些是教师突破专业发展瓶颈、从优秀逐步走向卓越的重要基石，值得广大一线教师学习和研读。教师专业成长无止境，你我携手同行在路上，愿以此与大家共勉：行走在路上，梦就在前方，有了梦想，心就会飞翔，有了飞翔，梦就不再遥远！

——苏明强（泉州师范学院教授）

"备、教、学、评、研"是教师教学工作中的五项关键能力，"备"是基础，"教"是核心，"学"是保障，"评"是关键，"研"是提升，它们相互支持、共同促进教学改进，形成了一个良性循环。本书以这五项关键能力为基本框架，深入解读并剖析其实践技能，通过说理与实例相互印证，具有观念新颖、理论扎实、操作性强等特点，能有效促进教师快速成长。

——陈文胜（集美大学师范学院教授）

# 主要参考文献

［1］中华人民共和国教育部．义务教育课程方案（2022年版）［M］．北京：北京师范大学出版社，2022．

［2］中华人民共和国教育部．义务教育数学课程标准（2022年版）［M］．北京：北京师范大学出版社，2022．

［3］崔允漷，王涛，雷浩．义务教育课程方案（2022年版）解读［M］．北京：北京师范大学出版社，2022．

［4］夏雪梅，以学习为中心的课堂观察［M］．北京：教育科学出版社，2012．

［5］马芯兰，孙佳威．开启学生的数学思维：对马芯兰数学教育思想的再认识［M］．北京：北京师范大学出版社，2021．

［6］教育部基础教育司义务教育高质量基础性作业体系建设项目组．学科作业体系设计指引［M］．北京：教育科学出版社，2022．

［7］易增加．给孩子更好的数学课堂［M］．南京：江苏凤凰教育出版社，2016．

［8］马芯兰．构建新的知识结构　培养学生思维能力［J］．人民教育，1995（5）：22-32．

［9］崔允漷，张紫红，郭洪瑞．溯源与解读：学科实践即学习方式变革的新方向［J］．教育研究，2021，42（12）：55-63．

［10］李松林．以大概念为核心的整合性教学［J］．课程·教材·教法，2020，40（10）：56-61．

［11］刘徽．"大概念"视角下的单元整体教学构型——兼论素养导向的课堂变革［J］．教育研究，2020，41（6）：64-77．

［12］雷浩，李雪．素养本位的大单元教学设计与实施［J］．全球教育展望，2022，51（5）：49-59．

［13］张玉峰．以大概念、大思路、大情境和大问题统领物理单元教学设计［J］．中学物理（高中），2020，38（3）：2-7．

［14］巩子坤，史宁中，张丹．义务教育数学课程标准修订的新视角：数的概念与运算的一致性［J］．课程·教材·教法，2022，42（6）：45-51，56．

［15］马云鹏．聚焦核心概念落实核心素养——《义务教育数学课程标准（2022年版）》内容结构化分析［J］．课程·教材·教法，2022，42（6）：35-44．

［16］马云鹏．基于结构化主题的单元整体教学——以小学数学学科为例［J］．教育研究，2023，44（2）：68-78．

［17］林夏水．论数学的本质［J］．哲学研究，2000（9）：66-71．

［18］罗鸣亮．依托"三单" 催生"互动"的力量［J］．福建教育，2022（36）：46-48．

［19］程明喜．王宽明．从"数学实质"到"数学本质"——2011年版与2022年版《义务教育数学课程标准》比较研究［J］．教育学术月刊，2023（8）：80-86．

［20］张明红．数学教学要回归学科本质［J］．人民教育，2020（15）：91-93．

［21］石志群．数学教学如何突出数学本质［J］．数学通报，2019（6）：23-26．

［22］张奠宙，唐彩斌．关于小学"数学本质"的对话［J］．人民教育，2009（2）：48-51．

［23］张紫屏．跨学科课程的内涵、设计与实施［J］．课程·教材·教法，2023，43（1）：66-73．

［24］刘莉.小学数学"学习任务单"的研究与实践［J］.小学教学（数学版），2020（3）：23-27.

［25］裘迪波，裘一能.单元整体视角下的小学数学课时作业设计——以"长方形和正方形的周长"作业为例［J］.小学教学参考，2023（1）：12-15.

［26］李瑾瑜，赵文钊."集体备课"：内涵、问题与变革策略［J］.西北师大学报（社会科学版），2011，48（11）：73-79.

［27］斯苗儿.集体备课的价值取向和实践机制［J］.人民教育，2019（22）：65-68.

［28］易增加.明界破难，综合与实践下的跨学科学习——以"营养午餐"项目学习为例［J］.福建教育，2023（14）：52-53.

［29］易增加."综合与实践"主题式学习的认识与实践——以三年级主题活动"'码'上行动"为例［J］.新教师，2022（12）：47-48.

［30］易增加.问题导向对话教学的探索与实践［J］.新教师，2020（2）：60-61.

［31］易增加.对话教学在小学数学教学中的应用［J］.教育探索，2013（12）：44-45.

# 后 记

2023 年 8 月，我所在学校再次被授予"福建省小学数学学科教研基地学校培育单位"（2023 年 8 月—2025 年 7 月）。此次出版专著《小学数学教师五项关键能力》，是对教师教学研究的探索、实践、总结与提升。书中的五项关键能力指向"备、教、学、评、研"，而"备、教、学、评"一体化正是福建省普通教育教学研究室 2023—2025 年学科教研基地学校的研究主题。2024 年在给教师解读新教材变化及一年级新教材时，我更加体会到备、教、学、评、研的意义和价值，因此本书阐述的五项关键能力是数学教师落实新课标、用好新教材、凸显新课堂的有力抓手。如果一位数学教师能做到、做好、做精备、教、学、评、研工作，发展学生核心素养将更加得心应手。

本书的框架和书名得到华东师范大学出版社北京分社策划编辑朱永通的精心指导。他在结构框架、章节内容、理论建构、教学案例等方面提出的宝贵修改意见和建议，为书稿增添了光彩。全书得到华东师范大学出版社北京分社责任编辑薛菲菲的细心审校，为本书增色很多。

在福建省小学数学学科教研基地学校培育单位的教研活动中，我也得到了福建省普通教育教学研究室教研员罗鸣亮主任，厦门市教育科学研究院教研员叶金标主任、叶伟敏老师，厦门市海沧区教师进修学校教研员陈淑娟副校长、柯丽琼老师等人的帮助和指导。感谢他们！书中的一些实践案例，如沉浸式教研练兵、互动式集体练课和递进式个人练型等，是厦门海沧延奎实验小学数学老师的真实教研活动，是经过实践并取得成效的真实成果，具有一定的借鉴价值。书中还引用了学校数学教研组老师的教学案例和学习单等素材，这些案例体现了"备、教、学、评、研"的一体化。感谢厦门海沧延奎实验小学数学教研组的同仁们！

限于本人的能力和水平，也限于对"备、教、学、评、研"理论的浅识和实践的不足，在行文过程中还有不少遗憾，恳切希望读者朋友予以批评、指正！

易增加

2025 年 1 月